JN071286

ライブ！ 音楽指導クリニック ①

スキマ時間を活用した音楽科授業プラン

城　佳世　編著
八木正一　監修

学事出版

デジタル教材（パワーポイント教材）の使い方

★以下のサイトで、本書のデジタル教材を閲覧または
ダウンロードできます。
https://www.daigakutosho-dokusha.com/live-ongakuclinic/1/

◆電子黒板

パワーポイントが使えるパソコンに、教材をダウンロードしてご使用ください。

◆パワーポイントが使えるタブレット（Windows、Chrome等）

教材を配布（共有）してご使用ください。

◆パワーポイントが使えないタブレット（iPad等）

①パワーポイントが使えるパソコンに教材をダウンロードします。
②パソコンを使って、デジタル教材（パワーポイント教材）を、PDFまたはJPEGファイル交換形式で保存します。アニメーション機能を使用する場合は、MPEG-4ビデオ形式で保存します。
③ファイルを配布（共有）してご使用ください。

※教材の文字・イラスト・写真は、必要に応じて差し替えてください
※デジタル教材の著作権は、各著者にあります。二次配布等はしないでください。

監修のことば

聖徳大学　八木正一

音楽指導クリニックシリーズが生まれかわります。その名前も『ライブ！音楽指導クリニック』。ハイブリッドな書籍で、専用のウエブサイトからダウンロードできるデジタル教材満載のシリーズです。紙面で授業の概要をつかみ、あとはダウンロードした教材を教室で映して授業を進めるだけ。教材のプリントの作業も不要です。もちろん、操作は簡単、誰でもOKです。

本シリーズの１巻目は、『スキマ時間を活用した音楽科授業プラン』です。誰も発想しなかった「スキマ時間でできる音楽授業」のプランが満載です。スキマ時間でもこんなに深い授業ができるのかと驚かれることでしょう。すぐできて深く学べる音楽の授業の提案が本書です。同時に、授業づくりの考え方やコツがわかるように編まれているのも特徴です。

引き続き２巻目として刊行するのが『評価が手軽にできる音楽科授業プラン』です。授業と評価は深くかかわっています。でも、どうも評価は苦手と思っておられる先生も多いようです。そのような先生にもピッタリの一冊です。評価の基本的な考え方はもちろん、具体的な授業プランに即して、評価の方法を学ぶことができます。「何だ、そのようにすればよいのか」と目から鱗です。すぐ使えるさまざまな授業プランに出会えるのもうれしい一冊です。

３巻目は『学校行事で使える音楽活動のアイデア』です。学校では、じつに多くの時間、さまざまな場所で音楽を使った活動が行われています。こうした活動を豊かに組織し音楽の授業とリンクすることで、子どもたちの音楽的な力は飛躍的に成長します。こうした発想で編まれた書籍は初めてです。子どもたちの楽しそうな顔が目に浮かんでくるアイデアが満載されています。

授業の主役はもちろん子どもたち。主役の子どもたちが楽しめる授業をつくることは、じつは教師の一番の楽しみなのです。本シリーズが子ども、教師双方を楽しくするものであることを確信しています。

はじめに

近年、学校をとりまく環境は、大きく様変わりしました。パソコン、電子黒板、タブレットなど、一昔前までは、想像もつかなかったような機器が、あたりまえに使われるようになりました。本書には、電子黒板やタブレットパソコンなどで、すぐに使えるデジタル教材を満載しています。これを紹介することが本書の目的のひとつです。

本書の目的は、もうひとつあります。それは、子どもたちにとってわかる授業、楽しい授業を紹介することです。本書は、デジタル教材を使わなくても授業ができるように構成しています。

わかる授業、楽しい授業はどのようにしてつくられるのでしょうか。本を読んだり、インターネットで指導方法を検索したり、研修会に参加したりして、新しいネタを仕入れる方も多いと思います。

今、本書を手にしている方が、まさにそうでしょう。しかし、さらに大切なのは、ネタを仕入れたあとに、子どもの実態に合わせアレンジすることです。これにより、よりよい授業が生まれます。その授業を共有し、さらにアレンジを加えることで、もっともっとよい授業が生まれます。わかる授業、楽しい授業は教育実践の積み重ねです。

本書の実践事例も、八木正一編著「音楽指導クリニックシリーズ」（学事出版）及び、これまでに見たり、聴いたりした授業に、新たな知見を加え執筆しています。音楽の授業づくりに少しでも役立つことを願っています。

2021年４月

編著者　城　佳世

ライブ！音楽指導クリニック ①

スキマ時間を活用した音楽科授業プラン

もくじ

第1章

音楽の授業づくり

第1節 音楽の授業づくりのコツ

1　音楽の授業は難しくてあたりまえ

「音楽の授業ができない。わからない。」こんな悩みをおもちの方はいらっしゃいませんか？　心配はいりません。これは、あたりまえのことだからです。音楽の授業には、他の教科の授業と大きく異なる点があります。それは、子どもが身体を使ってアクティブに活動しなければならないということです。音楽の授業は、子どもが歌ったり、楽器を演奏したりすることなしに成立しません。さらには、合唱や合奏では、学級の子どもたち全員の活動が必須です。教師が黒板に書いた文字を子どもが写し、静かに問題を解く……。このような授業が成立しないのが音楽です。

したがって、歌う、身体表現する、などのアクティブな活動を仕組んだら、子どもたちがはしゃぎすぎて収拾がつかなくなってしまった、「静かにしなさい！」と注意したら歌わなくなってしまった、などの悩みが生まれることもあります。また、うれしいことがあったとき、いやなことがあったときなど、そのときどきの子どもの感情までもが、音楽の授業には影響します。音楽の授業は難しくて、あたりまえなのです。

そんな音楽の授業ですが、子どもたちを一度のせてしまえば、とても楽になります。なぜなら、音楽そのものが、さまざまな力をもっているからです。音楽が気分を盛り上げたり、気持ちを落ち着かせたりするのは、よく知られています。スポーツ選手が、試合前に好きな音楽を聴いてモチベーションを高めるのも、その一つですね。子どもたちは、よい音楽、ステキな音楽に触れると、学校の勉強だということを忘れるぐらいハマります。「この音楽、もっと聴いてみたい。」「今日のうた、とってもきれいだった。次の時間はもっと上手に歌ってみたい。」「どうやったらうまくハモることができるかな？家でも練習してみよう。」こうなれば、しめたものです。

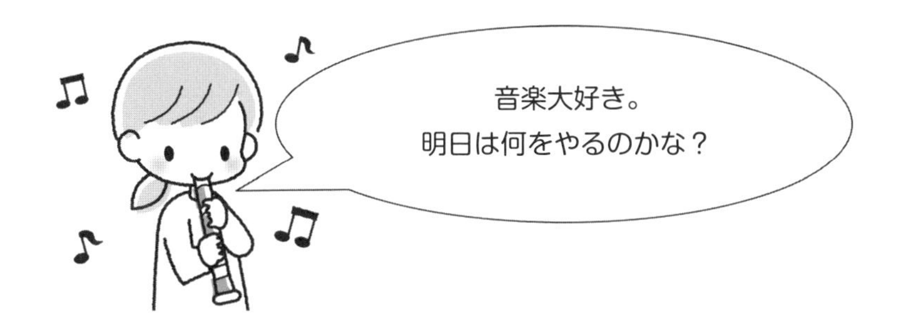

2　音楽好きの子どもを育てるために

学校の授業で扱う音楽は、「テレビやスマホでいつも視聴している音楽とは別！」と感じている子どもも多いようです。しかし、実際には、楽器やリズム、歌い方などがちょっと違うだけで、おおもとに大きく変わりはありません。ですから、ちょっとしたコツさえつかめば、子どもたちをのせることができます。そのキーワードは「楽しさ」です。では、音楽の授業で味わわせることのできる楽しさとはなんでしょうか。次の三つが考えられます。

①本能的に感じる楽しさ
②行為によって生まれる楽しさ
③音楽のよさやおもしろさを味わう楽しさ

①の本能的に感じる楽しさとは「大きな声を出して、ストレスが解消できた。」「楽器を鳴らして楽しかった。」などをさします。赤ちゃんは誰に教わることなく「バブー。」と声を出して一人遊びをしたり、ガラガラをふって遊んだりします。音を出して楽しむという行為は、人間の本能だといえます。

②の行為によって生まれる楽しさとは、

「みんなで一緒に歌って楽しかった。」「頑張って練習をして、課題をクリアした。」「友だちとの意見交流が楽しかった。」「家の人にほめられた。」などをさします。

③の音楽のよさやおもしろさを味わう楽しさとは、「ハーモニーを感じてぞわっと鳥肌が立った。」「工夫したら、音楽がどんどん変わっていくのが楽しかった。」などをさします。新しいリズムを知って音楽をよりおもしろく感じたり、世界のさまざまな楽器を知って世界を広げたりすることも音楽の楽しさです。テレビのCMを聴いて、「これ、音楽の授業でやった曲だ！」ということもありますね。

③の「音楽のよさやおもしろさを味わう楽しさ」は、他の教科では味わわせることのできない楽しさです。音楽が得意な教師は、音楽のよさやおもしろさを、一気に子どもたちに味わわせようとする傾向があります。たしかに、音楽が好きな子どもは楽しいかもしれません。しかし、「楽譜が読めないから……。」「歌が下手だから……。」など、苦手意識をもっている子どもにとってはどうでしょうか。できないことを強制されるのは、苦痛以外のなにものでもありません。初めてのリコーダーの授業を例に考えてみましょう。

今日からリコーダーを練習します。
まずは運指の練習です。

どうでしょう？　音楽が苦手で、上手に息や指をコントロールできない子どもは、「運指の練習」と言われただけで、投げ出したくなってしまうかもしれません。

上記は、「本能的に感じる楽しさ」をまず味わわせようとする指導です。まずは、「本能的に感じる楽しさ」や「行為によって生まれる楽しさ」を味わわせる場面を仕組むとよいでしょう。「そんなことをするよりも、きちんと練習をさせた方が上手になるのに……。」確かに、そのように感じる方もいらっしゃるかもしれません。しかし、やる気なく練習を続けるよりも、意欲的に練習をした方が、早く上手になります。「本能的に感じる楽しさ」と「行為によって生まれる楽しさ」を手だてとして、授業を組み立てることが、音楽好きの子どもを育てるコツです。

そのようにして、楽しく歌ったり、楽器をさわったり、音楽を聴いたりしているあいだに必ず、「あれ？　ステキな音！」と感じる瞬間がでてきます。教師は、その瞬間をみつけて、子どもたちに「今の音、ステキだったね。」と伝えることが大切です。ハモった瞬間、音がそろった瞬間、きれいな声が聞こえた瞬間、ほんの一瞬で構いません。教師の声かけは、音楽のよさやおもしろさを自覚させることにつながります。音楽のステキが学級に広がると、「もっとハモりたい。」「もっときれいに歌いたい。」という声があがるようになります。音楽そのものが子どもたちのモチベーションになるのです。

3　教師の声かけのポイント

音楽の授業で大変なのは、うた覚え、リコーダーの運指など練習の場面です。練習をしなければ、技能が身につかないことは確かです。しかし、何度も同じことを注意されて、子どもたちの空気がどんどん悪くなるという経験をおもちの方も多いと思います。上手に練習をすすめるコツは、子どもたちに課題意識をもたせることです。次の声かけをみてください。

子どもたちの不満げな様子がわかります。こちらはどうでしょう？

教師の声かけで、子どもたちの意識は大きく変わります。活動を指示する際には、一つひとつの活動に対して、課題意識をもたせることが大切です。それでは、次の声かけはどうでしょう。

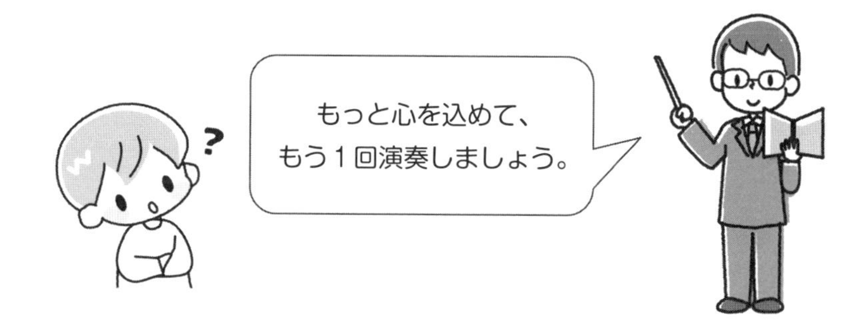

正直、「もっと心を込めて」と言われても、何をどうしたらいいのかわかりません。わからないことをさせられるのは、大人でもいやな気分になるものです。「強弱をつける」「言葉をはっきり」など、何をどうしたらいいのかを具体的に示せるとよいですね。

また、「指示は一つずつ」も大切です。次の指示はどうでしょうか。

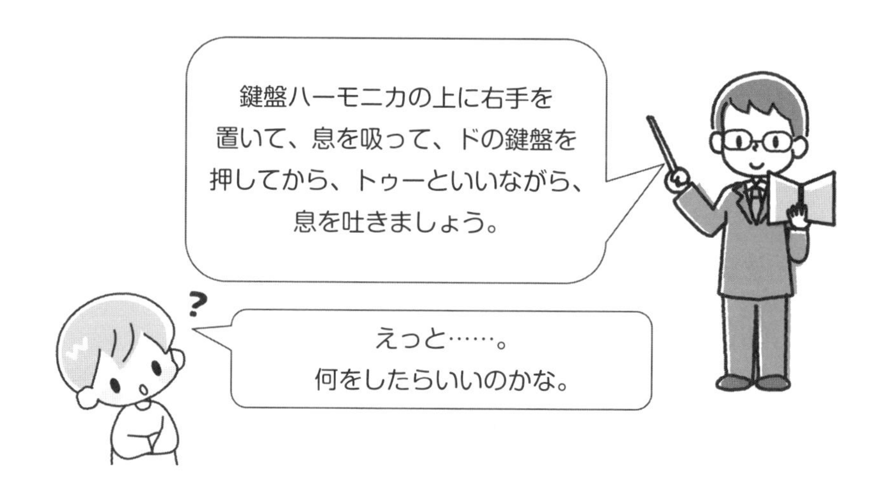

いっぺんにたくさんのことを言われると、子どもは混乱してしまいます。指示は一つずつにしましょう。まずは、「鍵盤ハーモニカの上に右手を置きましょう。」と指示します。そして、子どもが右手を置いているかどうかを確認します。確認ができたら、「息を吸いましょう。」と声をかけます。一つずつ確認しながら、授業を進めることがわかりやすい指示のコツです。

第2節 学習指導要領と音楽の基礎・基本

1　教育の目的はなあに？

平成29年告示の学習指導要領には、「見方・考え方を働かせて資質・能力を育てる」「知識・技能、思考力・判断力・表現力、学びに向かう力を育成する」などの難しそうな言葉が並んでいます。では、学習指導要領は何に基づいてつくられているのでしょうか。これは教育基本法です。教育基本法の前文には「伝統を継承し、新しい文化の創造を目指す」という言葉があります。ここで、シャープペンシルを例に、文化の創造について考えてみましょう。

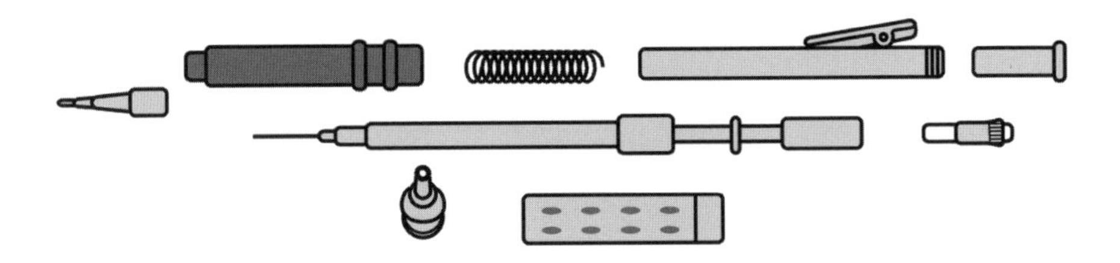

シャープペンシルは芯、ゴム、バネ、先端の金具、消しゴム、ノックキャップなど、たくさんのパーツからできています。金属のバネを見てください。バネはどうやってつくられたのでしょうか。また、どのような歴史をもっているのでしょうか。最初は、鉄鉱石の発見ですね。火をおこす技術も必要です。それから、鉄にする方法をあみだして、それから、それから……。気が遠くなるほどの年月、人、技術の積み重ねを経てつくられたものであることがわかります。まさに人類の知の結晶です。シャープペンシルのパーツはバネだけではありません。一つひとつの部品を考えると、気が遠くなるほどの学びや技術の積み重ねによってつくられていることがわかります。楽器の音色、ロックやポップス、日本の音楽も同じです。人間の文化は、創造を繰り

返すことで、発展してきました。これは、どの教科でも同じです。今現在の学びが、未来の創造・発展につながっているのです。

2　音楽的な見方・考え方が必要なわけ

平成29年告示の学習指導要領には、各教科等の目標に「見方・考え方」が示されました。見方・考え方とは物事をみる視点や考え方のことです。映画館の帰り道の会話を例に考えてみましょう。

Ａさん：あの場面の主人公のセリフ、すてきだったね。
Ｂさん：そうね。私は色づかいが好きだった。あの夕焼けの中のシルエット、感動しちゃった。
Ｃさん：だけど、BGMいまいちだったと思わない？　もう少し静かな曲の方がよかったのに。

Ａさんは、セリフ、すなわち、言葉に着目していますね。これは、国語的な見方・考え方だといえます。Ｂさんは造形的な見方・考え方です。Ｃさんは音楽的な見方・考え方をしています。さまざまな見方・考え方を働かせることで、より楽しく、また、深く映画を観ることができますね。

さまざまな角度からの見方・考え方は、よりよい社会や文化をつくっていくことにもつながります。みなさんは、緊急地震速報のチャイム音をご存じでしょうか。あのチャイム音は、①緊急性を感じさせるか、②不快感や不安感を与えないか、③騒音下でも聴き取りやすいか、④軽度の聴覚障害者でも聴き取れるか、⑤どこかで聞いた音と似ていないか、を条件につくられたものです。チャイム音のもととなったのは、『ゴジラのテーマ』などを生み出した現代音楽の作曲家、伊福部昭さんによる交響曲『シンフォニア・タプカーラ』です。チャイム音は、心理学、工学、福祉、音楽などの学びの結晶です。各教科の学習指導を通して、さまざまな見方・考え方を育てることが文化の創造につながるのです。

3　平成29年版学習指導要領と音楽の基礎・基本

ではここで、平成29年版の学習指導要領をみてみましょう。どのような学習指導が求められているのでしょうか。次の文章は、総則に示されている教育課程編成の一般方針です。

> 基礎的・基本的な知識及び技能を確実に習得させ、これらを活用して課題を解決するために必要な思考力、判断力、表現力等を育むとともに、主体的に学習に取り組む態度を養い、個性を生かし多様な人々との協働を促す教育の充実に努めること。

基礎的・基本的な知識及び技能を確実に習得させることと、これを活用して思考力・判断力・表現力を育むことが書かれています。思考力・判断力・表現力を働かせるための基礎が、知識及び技能だということになりますね。

音楽科では、基礎・基本としてどのような知識・技能が求められているのでしょうか。キーワードとなるのが学習指導要領に示された〔共通事項〕です。

小学校の〔共通事項〕には、以下の内容が挙げられています。

> 音色　リズム　速度　旋律　強弱　音の重なり
> 和音の響き　音階　調　拍　フレーズ　反復
> 呼びかけとこたえ　変化　音楽の縦と横の関係

中学校ではさらに、以下の内容が加わります。

> テクスチュア　形式　構成　拍子　間　序破急　動機

すごい数ですね。では、具体的に求められる力について、音色を例に考えてみましょう。音色の学習で求められる力には、次のようなものが考えられます。

・声や楽器のさまざまな音色をききわける力。
・音色を聴いて「明るい」「暗い」「悲しい」など感情と結びつけて感じる力。
・さまざまな音色で演奏する力。

音色一つをとっても、身につけなければならないことがたくさんあることがわかります。共通事項の一つひとつを教師自身が理解するだけでも、手一杯なのが現実でしょう。

では、いったいどうしたら……。これは、繰り返して学習するしかありません。算数のかけ算九九を覚えたり、筆算を覚えたりするのと同じです。あたりまえですが、かけ算九九は1時間で覚えられるわけではありません。スキマ時間をみつけて、音楽の基礎的・基本的な知識や技能を学ぶのがベストです。子どもたちが楽しく学べるクイズやゲームを活用しながら、一緒に学びましょう。この本では、楽しく音楽の基礎・基本を学習するアイデアを紹介しています。ぜひご活用ください。

4　実感をともなった学習が必要なわけ

「悲しい」と感じる音楽を表現するためには、どのような力が必要でしょうか。まず大切なのは、「どのような音楽を聴いたときに悲しいと感じるのか。」の理解です。長調の音楽と短調の音楽。速度が速い音楽と遅い音楽。強い音と弱い音。どちらが悲しい感じがするのでしょうか。どのように組み合わせればよいのでしょうか。これらを知っておかなければ、悲しい音楽を表現することはできません。また、表現するためには、「悲しい音楽を演奏する技能」も必要です。つまり、「悲しい音楽」はどのようにしてつくられているのか、どのように演奏されているのかを知らなければ、表現することはできないのです。何の手だてもなく子どもたちに、「悲しそうに表現しましょう。」と言うのは、日本料理を見たことも食べたこともない外国人のシェフに、寿司をオーダーするようなものだといえます。

子どもたちを上記の外国人のシェフと考えましょう。どうすればおいしい寿司をつくることができるでしょうか。ポイントは二つあります。一つは、寿司を食べる経験を重ねることです。「これが寿司なんだ。」「この魚はおいしい。」「うーん。このお店のシャリはいまいち。」シェフは、寿司をたくさん食べることで味がわかるようになります。つまり、「おいしい寿司」がどのような味なのかを理解することができるのです。音楽をたくさん演奏したり、聴いたりする経験が大切だということがわかりますね。

もう一つは、レシピを知ることです。刺身の切り方、ご飯のたき方、すし飯のつくり方などがわからなければ、寿司をつくることはできません。「速さを変えたら、音楽ってこんなふうに変わるんだ！」「リズムをぴったりそろえたらかっこいいね。」などの経験の積み重ねが、よりよい表現につながります。朝の会で歌う時間を設けたり、スキマ時間に音楽活動を仕組んだりするとよいでしょう。

第3節 スキマで学ぶ共通事項

1 〔共通事項〕は活動を通して教えなくてはならない？

〔共通事項〕が小・中学校学習指導要領に示されたのは、平成20年告示のものからです。それから10数年が過ぎ、現行の指導要領では、小学校と中学校だけではなく、高等学校にもそれが示されました。それだけ〔共通事項〕が、重要視されているということです。

小中学校では、すでに10数年がたっているので、〔共通事項〕に対する理解や学習方法が定着していると思われますが、まずは、〔共通事項〕とは何か、〔共通事項〕と音楽科の学習活動ということについて、整理しておきましょう。

平成29年版の小学校学習指導要領では、音楽科の内容は「A表現」「B鑑賞」の２領域及び〔共通事項〕で構成されています。そして〔共通事項〕の内容として、各学年ほぼ共通に次の内容が示されています。

（1）「A表現」及び「B鑑賞」の指導を通して、次の事項を身に付けることができるように指導する。

ア　音楽を形づくっている要素を聴き取り、それらの働きが生み出すよさや面白さ、美しさを感じ取りながら、聴き取ったことと感じ取ったこととの関わりについて考えること。（思考力、判断力、表現力等）

イ　音楽を形づくっている要素及びそれらに関わる音符、休符、記号や用語について、音楽における働きと関わらせて理解すること。（知識）

そのうえで、イの記号として、次のものが提示されています。

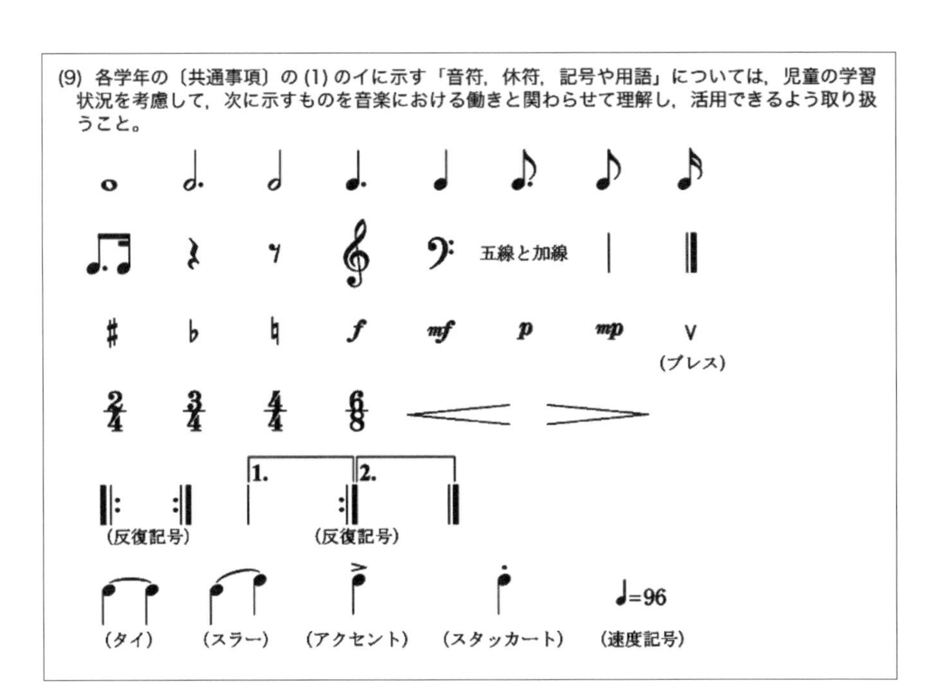
(9) 各学年の〔共通事項〕の(1)のイに示す「音符，休符，記号や用語」については，児童の学習状況を考慮して，次に示すものを音楽における働きと関わらせて理解し，活用できるよう取り扱うこと。

出典：文部科学省（2017）「小学校学習指導要領（平成29年告示）」

さて、イに示された音楽記号や用語を学習する上で、よく耳にするのが、音楽記号や用語を音楽から切り離して学習するのではなく、表現や鑑賞の活動のなかで、音楽における働きと関連させて学習させること、という指摘です。よくいわれる「活動を通して学習」させるというものです。

しかし、イで示された内容は、それほどに「活動の中で」学習しなければならないものでしょうか？

音楽記号や用語を子どもたちが理解し、その力を表現や鑑賞の学習に生かすことができれば、それでよいではありませんか。〔共通事項〕の学習についてあまりにも「活動の中で」が強調されているように思えてなりません。

大切なことは、子どもたちがそれら音楽記号や用語を理解することです。このことを私たちは押さえておきたいものです。

ここでは八木正一さんによる「音楽記号でお話を」（『音楽指導クリニック⑩』学事出版、1997年）を参考に、音楽記号や用語を学習するための実践を紹介します。まさしく〔共通事項〕を理解するのにぴったりの学習です。

2　音楽記号でお話をつくろう

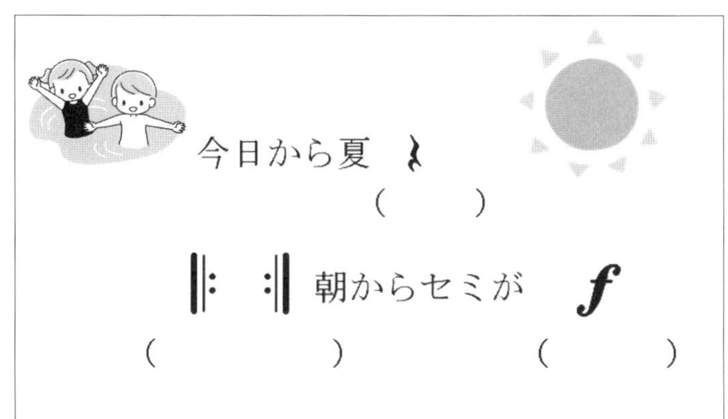

最初に、ダウンロード資料のスライドを見せて、次のように話します。

> これは、先生が作った作文です。(　　　　)に、入る言葉はなんでしょう。

子どもたちに、いろいろな答えを聞いてみましょう。作文の答えは次のとおりです。

そして、次のように話します。

みなさんは○年間の音楽の授業で、いろいろな音楽の記号を習いました。覚えていますか？　これからここにある音符や音楽記号を使って、作文をつくってもらいます。作文のタイトルや内容はグループで考えてください。作文では、音楽記号や用語をいろんな意味に読み替えて、使ってください。たとえば、こんな読み方もできます。

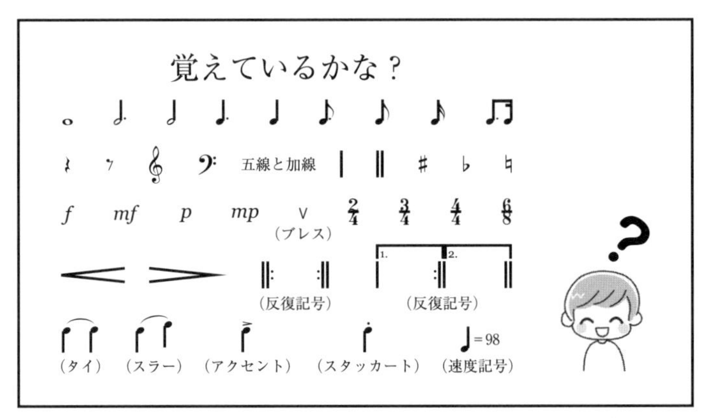

出典：文部科学省（2017）「小学校学習指導要領（平成29年告示）」

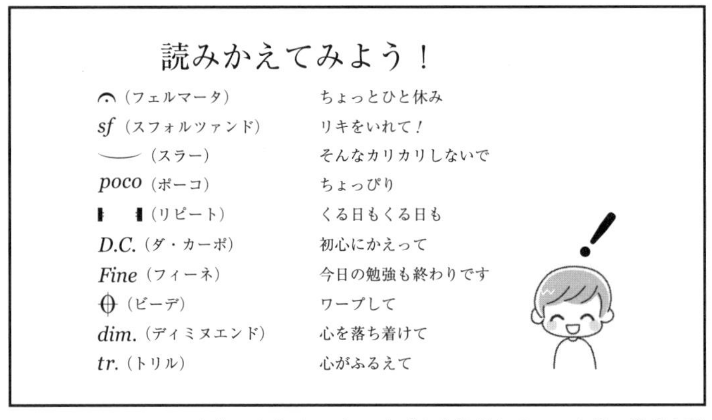

出典：八木正一（1997）『音楽指導クリニック⑩』学事出版

＊上記に示した〔共通事項〕は、６年生までに学習するものです。下の学年の場合は、そこまでに習う〔共通事項〕だけを提示すればよいでしょう。上記のサンプルには、まだ学習していない記号が入っていますが、可能で

あれば、それも含めて子どもたちに説明してください。これにより、学習していない記号や用語も作文の中に用いることができるようになります。

＊以下の記号とその解釈は、インターネットで見かけたものを参考に作成しました。まだ学習していない記号や用語ですが、こんな言葉も利用できます。

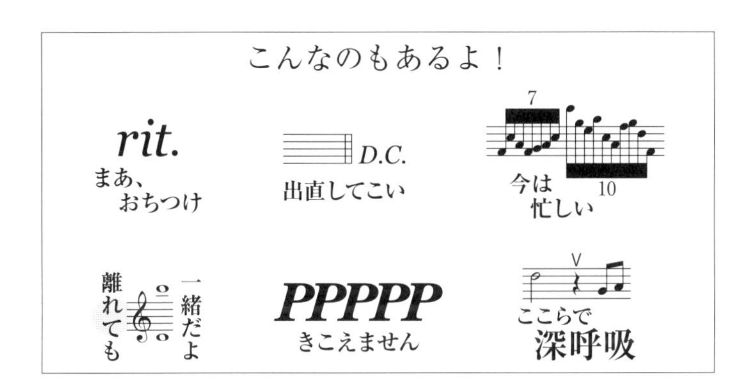

ここまで説明したら、次のように指示をしましょう。

それでは、これから音符や音楽記号で、おもしろい作文をつくって、発表し合いましょう。

指導上の留意

＊この授業は、１時間を目安とします。時間内で収まらなければ宿題にして、次の授業で簡単に扱うこともできます。また、研究授業や授業参観で、保護者や参観者を巻き込んで、一緒に考え、楽しむことも可能でしょう。

＊子どもたちは、自分の作文をよりおもしろくするために、〔共通事項〕に示されたもの以外でも、新しい音楽記号や用語を探してくるはずです。その際は、その積極的な子どもたちの学習態度を高く評価したいものです。

＊繰り返し述べることになりますが、「音楽的活動の中でイを学習させる」ということにとらわれることのないようにしましょう。

＊次の作文は、著者が大学生を対象に実施した授業で、大学生が作成しました。大学生ですので、記号や用語はイだけでは足らず、自主的に自分の作文に合ったものを探し出し、それを使っています。

作文タイトル　うさぎとかめ

16分音符
昔々あるところにうさぎとかめが ♬♬ ♬♬ していました。
競争

アンダンテ　　　　　　　　　　アレグロ
かめは足がとても ***Andante***、うさぎは足がとても ***Allegro*** です。
おそく　　　　　　　　　　　　速い

リトミコ　　　　　フェルマータ
なのでうさぎは ***ritmico*** こいて、 𝄐 してしまいます。
調子　　　　　　　一休み

付点2分音符　　ア　テンポ
かめは 𝅗𝅥. と ***a temp*** で進んでいきます。
のんびり　　　いつもの速さ

全休符　　　　　フィーネ
うさぎが 𝄻 間に かめが ***Fine*** しました。
しっかり休んでいる　ゴール

ダ・カーポ　リピート　　　　　終止線
うさぎは ***D.C.*** 𝄆 𝄇 走り続けました 𝄁 。
初心にかえって　くる日もくる日も　おしまい

作文タイトル　選挙演説

日本の景気は　>　、皆の心も *mp*
落ち込むばかり　沈んでる

𝄆 𝄇 、𝄆 𝄇 *a tempo* 毎日。
いつも　いつも　何も変わらない

そんな日々も *Fine* です。
終わり

D.C.　*dim.*
初心にかえって　心を落ち着けましょう。

今こそ転調のときです。私は o 、*sf* 進んでいきます。
常に　力を入れて

f　*ff*　*fff*　!!!　皆で目指そう *con brio* *JAPAN !!*
どうか　どうか　どうか　生き生きとした

第4節 スキマで学ぶ読譜

1 ハンドサインとは？

読譜力とは何でしょうか？　楽譜を見て「これはド。」「これはラ。」と読むだけの力ではありません。ドレミを正確な音程間で歌ったり、音符の長さどおりに演奏したりする力が読譜力です。五線譜に書かれた「ド」や「ラ」の階名は、その気になれば誰でも読むことができます。しかし、楽譜を見て、音の高さや長さを考えながら階名唱をすることはなかなかできません。基礎・基本の中でも身につけることが難しい力です。ここでは、スキマ時間を使って、読譜力を身につける実践を紹介します。

ハンドサインを知っていますか？　ハンドサインは手の動きで、音の高さやリズム、音楽の表情を表す、階名唱学習の一つです。古くから使われていたハンドサインを、ハンガリーの作曲家で音楽教育者でもあったゾルターン・コダーイが教育に多用したのです。ハンドサインを使うことで、音階を学習したり、読譜力をアップしたりすることができます。

コダーイのハンドサインの手の動きは以下のような図で表されます。

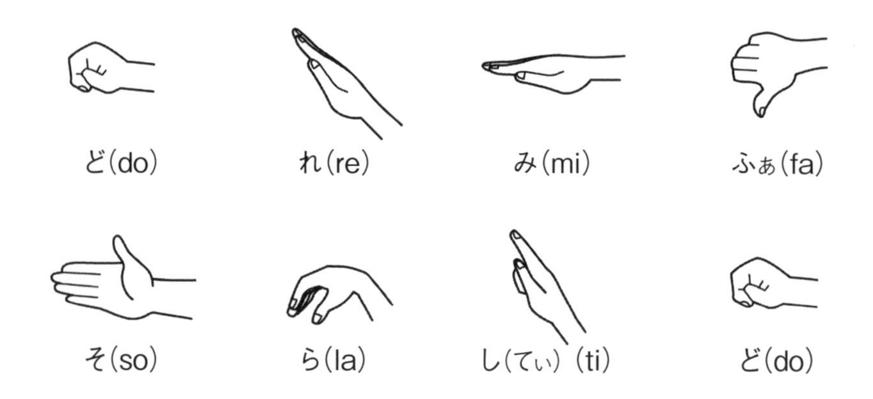

ハンドサインをすることで、音の高さや音階を身体と結びつけて覚えることができます。身体で覚えたものは、なかなか忘れません。ぜひやってみましょう。ハンドサインのやり方は、インターネット上でたくさん見ることができます。手の動かし方、腕の位置など、毎日10分、１週間も練習すれば、だれでも簡単な曲を表現できるようになります。

右手と左手とで違ったハンドサインができるようになれば、簡単な合唱の指導も可能です。

コダーイのハンドサインは、厳密に言うと手の一つひとつの動きに意味があるのですが、そんな細かいことは気にすることはありません。学習者と教師の間の約束事としてサインが成り立てば、少しぐらい形が異なっても、問題ありません。

その延長として、例えば、「立ったままで腕を下げている状態」をド、「駆け足の格好の手」をレ、「前に腕を出したらミ」という具合に、学習者と教師の間で約束をして、その形になったら全員がその音を声に出す、という考え方もできます。

コダーイのハンドサインは、階名唱学習でとても役に立ちます。コダーイのハンドサインの習得、その延長としてハンドサインを創作することによって、音階の学習や読譜力アップをねらったのが、本事例です。

2　ハンドサインを覚えよう！

(1) ハンドサインを覚える

先ほどのスライドを提示して、次のように話しましょう。

これはハンドサインというものです。階名を伝えることができます。外国の子どもたちもよく使っています。

ハンドサインで音楽を表すことができれば、外国語がわからなくても、外国の子どもたちはみなさんが示すハンドサインの音楽を歌ってくれるでしょう。ハンドサインは世界的な音楽の共通言語です。みんなで練習してみましょう。

＊ハンドサインは日本の音楽教育ではあまり使われませんが、海外（特にヨーロッパ）では一般的です。ハンドサインを覚えておくと、言葉が通じなくても伝えたい音楽を階名唱で紹介することができます。

＊最初は、全員の前で、教師が「ドレミファソラシド」と歌いながら、ハンドサインを子どもたちに教えてください。次にグループで練習させます。著者の経験では、３回から５回ゆっくり全員でやった後、グループで練習させると子どもたちは覚えます。

＊その際、最初は両手で同じサインをしましょう。指の形などの詳細にこだわる必要がありません。ついつい私たちは、子どもたちに「正しくない形」を指摘したくなりますが、それはやめて、まずはだいたいの形を子どもたちに覚えさせるのが大切です。

（2）グループ発表１

次のように指示をします。

ハンドサインをしながら、ハンドサインと一緒に音階（ドレミファソラシド）を歌ってください。グループごとに発表しましょう。

＊グループで発表させます。前に出ても、その場で立ち上がってでも構いません。座っている子どもたちにも、階名唱とハンドサインをさせるとよいでしょう。

（3）グループ発表２

次のように指示をします。

それぞれのグループで、自分たちの選んだ曲の階名を歌いながら、ハンドサインで演奏してください。

＊ハンドサインができるようになったら、ハ長調などの簡単な曲をグループごとに練習し、発表させます。
『ちょうちょ』『ひらいたひらいた』『かたつむり』などの譜面を準備しておきましょう。グループごとに、任意の曲を選び、その曲の階名唱とハン

ドサインを練習、発表させます。

＊その際、それぞれの楽譜に、事前に階名表記をしないでください。また、子どもたちにも階名を楽譜に書き込ませないようにしてください。子どもたち自身はハンドサインを繰り返しながら、それぞれの楽譜に記されている音符の階名を覚えます。子どもたち自身には、楽譜のどこがドで、それからいくつ上がったらミなのか、などをゆっくり考えさせることが大切です。

＊教師は、『ドレミの歌』程度を、ハンドサインで演奏できるようにしておくとよいでしょう。それを披露すれば、子どもたちからは大喝采です。その際、教師がCD映像などに収録されている『ドレミの歌』に合わせて階名唱をし、ハンドサインを示すと、より効果的です。

一度、『ドレミの歌』をハンドサインで覚えてしまうと、まず忘れることがなく、いつでもどこでもこれを披露できます。音楽の「小技ネタ」として、ぜひ習得しておきたいものです。

3　創作ハンドサインをつくろう！

皆さんは、ハンドサインで、この形はド、この形はレと勉強しました。しかし、ハンドサインは約束事ですので、どんな形でも、形の約束を決めれば、ハンドサインをつくることができます。「まっすぐ立っている状態をド」「両手を広げたらレ」「右手だけを上げたらミ」という具合に、それぞれのグループでかっこいいハンドサインをつくってください。

＊それぞれのグループに、創作ハンドサインを考案、発表させます。子どもたちは、ジャンプしたり、体をひねったりとおもしろい動きの入った、楽しいハンドサインを創作するはずです。

4　創作ハンドサインで演奏を

それぞれのグループでつくったハンドサインで、①ドレミファソラシド、ドシラソファミレドと、音階を表現してください。もう一つは、それぞれのグループでつくったハンドサインを使って、さきほどの曲とは違う曲を演奏しながら、階名唱をしてください。

＊友だちの発表を見た子どもたちは、「ええっ！」と驚くはずです。特にジャンプしたり、体をひねったりとおもしろい動きの入ったハンドサインを創作したグループほど、演奏が難しく、それがまた周囲の笑いを誘うことになります。

＊以下は、大学生がつくった創作ハンドサインの一部の動きです。なお、ダウンロード資料には大学生の動画が入っています。

上記は、「ミ」という音を表現しているところです。以下は、違うグループで「ラ」を表現している姿です。

＊この実践は、２時間を予定しています。１時間目では、コダーイのハンドサインの体得とそれによる演奏、また、ハンドサインの創作と発表までです。２時間目は、練習時間をあてて、創作ハンドサインによる曲演奏です。よって、１時間で終えてもよいでしょうし、２時間目まで継続してもよいでしょう。特に、２時間目の授業は、研究授業や保護者参観などの授業で展開すると、音楽科の授業は楽しいという印象を参観者に与えることができます。

＊コダーイのハンドサインの習得、ハンドサインの創作、これらはこの実践の目的でもありますが、主たる目的は、ハンドサインを通して「読譜力」をつけさせることです。よって、ハンドサインのために準備した曲を子どもたち自身で読譜し、それをハンドサインに変換させることが大切です。身体を通して学んだ読譜力は、身体が覚えています。単に知識的に読譜を理解しても、すぐ忘れてしまうのが常です。「身体を通して知識を身につける」、これは音楽教科の特性といえるでしょう。

第2章

歌唱の授業のネタ

第1節　みんながそろう声のひみつ

小学校低学年・中学年向き

1　合唱にふさわしい声ってどんな声？

世界にはいろいろなうたのジャンルがあります。日本人の私たちに身近なところでは、演歌や民謡、声明（しょうみょう）（お坊さんがお経を読むうた）など。世界に目を向けてみると、オペラやヨーデルやホーミーなど……、いろいろとありますね。実は、どのうたにもそれにふさわしい声の出し方があります。

では、合唱を歌うのにふさわしい声はどんな声でしょう。合唱は大人数で歌いますので、バラバラの声で歌うよりもそろった声で歌う方がステキです。天使の声とよばれるウィーン少年合唱団の声を聴いたことがありますか？ウィーン少年合唱団のうたは、声がそろっていますので、ソプラノとアルトの二人だけで歌っているようにも聞こえます。

では、子どもたちが「みんながそろう声」で歌うにはどうすればよいのでしょうか。その前提として大切なのは、「クラスの雰囲気づくり」です。

幼稚園・保育園や小学校１年生の子どもたちは、気おくれすることなく、授業の中で楽しく歌うことができます。しかし、２年生、３年生……と学年が上がるにつれて、子どもは自分のうたと友だちとのうたの上手下手を比べてしまうようになります。それで、うたに自信のない子どもは、声を出すことに消極的になってしまいます。クラスみんなで声を合わせて、魅力的なうたをつくっていくためには、うたに自信がない子どもも安心して歌える温かい雰囲気をつくることが大切です。

その方法としておすすめなのは、わらべうたを使った遊びです。『花いちもんめ』や『かご

めかごめ』、『おおなみこなみ』などをクラスで楽しみましょう。集団でのうた遊び体験を通して、子どもたちは相互に信頼関係をもつことができます。また、クラス全体の温かい雰囲気をつくることができます。

2 「みんながそろう声」さがしのワザ

「みんながそろう声」をつくるには、「身体をそろえる」ことと、「声の出し方をそろえる」ということが大切です。みんなで一緒に練習するのが一番簡単です。

(1) 身体をそろえる

①すっと立つこと

歌うときに大事なこととして、「いい姿勢で立つ」ということがあります。足をちょっと左右にひらき、体の力をぬいて、頭の上からひもでひっぱられているように、すっと立ちましょう。できるだけ、この姿勢のまま歌います。

②目の間から声を出す

次に、目を大きく開けて歌ってみましょう。ふしぎなことに、こうして歌うと、自然と声が響いてきます。目を大きく開けて、目と目の間から声が遠くへ飛んでいくような感じで歌ってみましょう。

③口の形をそろえる

歌うときに、口の形をそろえると不思議と声もそろいます。歌っている様子を動画で撮影し、確認してみましょう。

(2) 声の出し方をそろえる

この授業は、山形の山田久美子さん（『授業づくりネットワーク』No.10、学事出版、2013年）の実践を参考に構想しました。息でロウソクを吹き消したり、「怒っているお母さん」の声まねをしたあとに、「電話をしているお母さん」の声まねをしたりします。自然と合唱にふさわしい声が出るようになります。お母さんは、『クレヨンしんちゃん』のみさえ、『ドラえもん』ののび太のお母さんなどをイメージするとよいでしょう。

①導入

まずは、『チューリップ』を歌います。歌い方の指示は必要ありません。ダウンロード資料には伴奏も入っています。

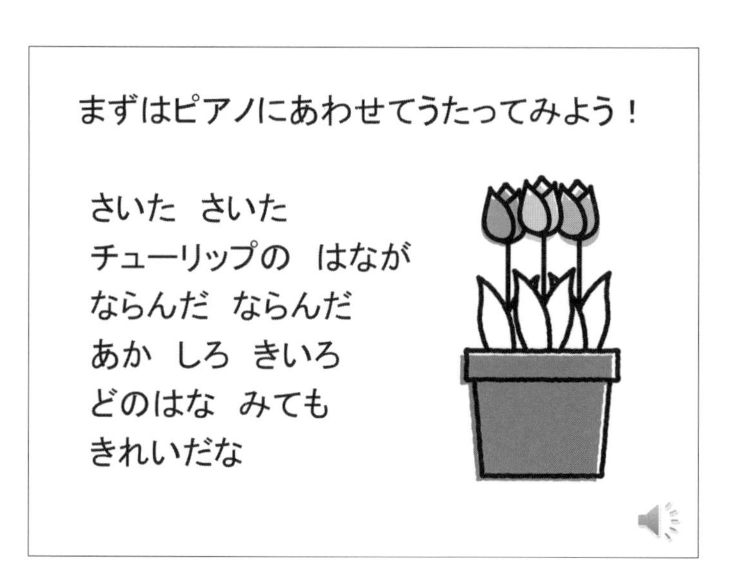

②ロウソクを吹き消す、息のトレーニング

合唱にふさわしい声を出すために大切なのは呼吸です。ロウソクを吹き消すイメージで息を使うとよいでしょう。ロウソクは、弱い息を吹きかけてもなかなか消えません。お腹に力を入れて、一気に吹くことが大事です。スライドは、3、2、1、0のカウントダウンにあわせて息を吹きかけると、ロウソクが消えるしくみになっています。「みんなでロウソクに息を吹きかけて、消しましょう。」と話してください。

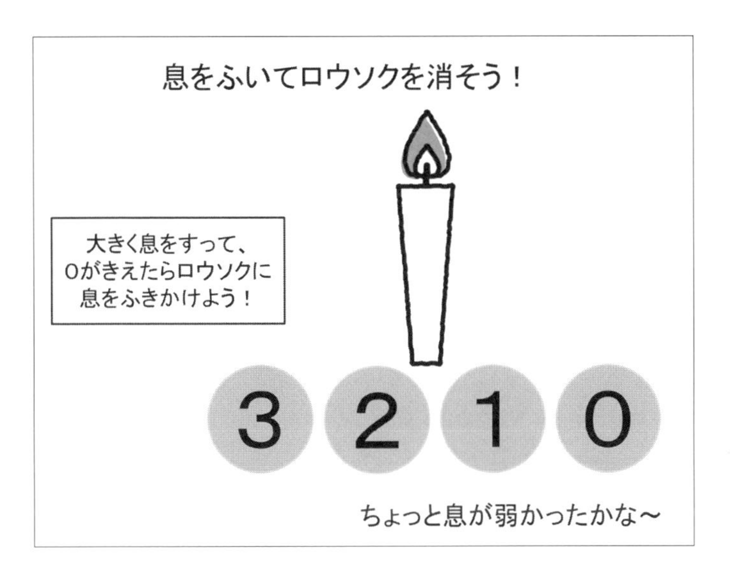

最初は大きく息を吸えず、また子どもたちの息を吹きかけるタイミングも合いません。「もっとおなかいっぱい息を吸って。」や「もっとみんなでタイミングをそろえてロウソクに吹きかけよう。」と、声かけをしましょう。みんなでそろって、ロウソクに向かって、大きく吸った息を吹きかける練習は、声をそろえて歌うことにつながります。

③お母さんの声まねで、「みんながそろう声」のトレーニング！

息のトレーニングが終わったら、今度はお母さんの声まねで、声の出し方を練習します。まずは、「怒っているお母さん」のセリフで声まねをしてみます。「だれが上手に声まねできるかな？ みんなで声をそろえてセリフを言

ってみよう。」と声をかけ、ゲーム感覚でやってみましょう。

子どもたちはそれぞれお母さんをまねて怒鳴り声を出し、教室中にバラバラな怒鳴り声が響くはずです。怒っているお母さんの声まねができたら、今度は、「電話をかけるお母さん」の声まねです。最初は、先生が、「もしもし、○○さんのおうちですか？　担任の△△です。」のように言ってみましょう。「お母さんはどんな声で電話に出るかな？」

子どもたちは、先ほどの怒った声と全然ちがう声を出せるはずです。子どもを教師役、教師をお母さん役にして見本を見せてもよいでしょう。

最後に、「怒ったお母さんの声」と「電話をかけるお母さんの声」で、『チューリップ』を歌ってみましょう。そして、どちらの声がそろっていたかをたずねましょう。もちろん、「電話をかけるお母さんの声」ですね。ステキに響く声で歌うことができます。

「ロウソクのトレーニング」と、「声まねのトレーニング」は、それぞれ別々の機会に行っても構いません。機会をみつけて練習することで、声の出し方が身につきます。

第2節 表情豊かな歌唱のワザ

歌唱×小学校低学年・中学年・高学年向き

1　自然な歌い方とは

音楽科の学習活動の中で、もっともよく行われているのは、歌唱でしょう。歌唱は他の活動の核となり、音楽科の活動全体においても根底をなすものです。

歌唱指導の本には、次のような内容がよく見られます。

・自然で無理のない歌い方、そのための姿勢や呼吸
・学年に応じた発声指導
・変声期の児童への配慮と指導
・発音　など

いろいろ書かれていますが、筆者が考えるところ、そういった指導のほとんどは、日本の教育方法の一つともいえる「型」による歌唱の指導方法です。柔道でも華道でも茶道でもそうですが、まず「型」を覚えて、そこから少しずつ脱し、自然な動きに戻っていくという指導法です。

それでは、「自然で無理のない歌い方」とはどういうものなのでしょうか？変声期の子どもへの配慮は具体的にどのようなことをすればよいのでしょうか？上記の指示はわかりますが、それでは実際的にどうすればよいのか、と思われる方も多いと思います。

筆者はそういった「型」を重要視した歌唱のあり方を決して否定するものではありませんが、「いい表情で」「のびやかに」「表現豊かに」歌っているならばよいと思っています。それは、先に書いた指導ポイントがうまくいっ

ていると逆に考えることができるからです。よって、まずは「今、子どもたち」が「いい表情で」「のびやかに」「表現豊かに」歌っているかどうかを、子どもたちの表情から読み取るようにしたいものです。

ここでは、それらのためにもっとも重要な「表現豊かな」演奏になるための実践を紹介します。

2　言葉の表現力を体験しよう

今ここに書かれている「え」という文字を、声を出して読んでください。例えばすごく驚いた時の「え！」という声、何かしら疑わしい話を聞いたときの「え～？」という声、同じ「え」でもその表現はかなり違います。歌っているときも、これと同じように表情を変えて表現すればよいのです。

まずは、子どもたちに、同じ言葉でもずいぶん表現が違うことを体験させましょう。

この気持ちはどんな「あ」で
表現できるかな？

水をあげるのをわすれてしまったので、
お花が枯れてしまった。トホホ…

最初に、「これからみなさんにある文章を見せます。この文章にふさわしい表現を、『あ』で表してください。最初は先生がやってみます。」と話をして、教師が手本を見せます。ため息まじりでがっかりした様子の「あ～あ」は、どうでしょうか？子どもたちにもやってもらいましょう。続いて、次のような例を出します。

この気持ちはどんな「あ」で
表現できるかな？

しまった！
宿題やってくるの忘れたあ！

子どもたちからは、「あ！」かもしれませんし、「あ〜あ」といっても、「あ〜あ」と異なる「あ〜あ」かもしれません。どんどん表現させましょう。

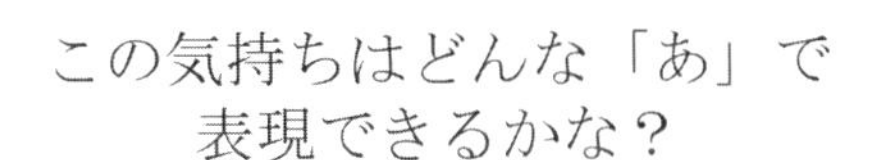

合格発表、ドキドキするなあ。
あったあ！　私の番号!!

「あ」という表現だけでも、いくつもあります。そして、その表現もさまざまです。もちろん、「う」でも上記の展開は可能です。

そういったことを子どもたちに理解させた後、『世界中の子どもたちが』（新沢としひこ作詞、中川ひろたか作曲）や、『Believe』（杉本竜一作詞・作曲）など、「たのしい」「うれしい」「かなしい」などの気持ちを表現したうたの歌詞を紹介しましょう。そして、朗読などを通して、どのような「たのしい」「うれしい」「かなしい」声の表現が、このうたにぴったりするか子どもたちに考えさせてから、歌わせます。表現が変わるはずです。『はぁって言うゲーム』（幻冬舎のカードゲーム）などを参考にしてもよいでしょう。

 3　歌詞の解釈とは？―『七つの子』を例に

「歌詞の情景をイメージして歌いましょう。」「歌詞を声に出して読み、曲の雰囲気をつかみましょう。」など、歌唱指導のポイントを、私たちはよく目にします。もちろん、それでイメージができれば問題ありません。しかし曲によっては、もう少し深く解釈したほうが、さらによい歌唱表現につながるはずです。

ここでは、元関西学院大学の吉田孝さんが紹介してくれた実践を参考に、『七つの子』の授業を構想しました。

(1)『七つの子』を歌う

烏　なぜ啼くの
烏は　山に
可愛　七つの
子があるからよ
可愛　可愛　と
烏は啼くの
可愛　可愛　と
啼くんだよ
山の古巣に
いって見て御覧
丸い目をした
いい子だよ

雨情『金の船』7月号、大正10（1921）年より

授業のはじめに、『七つの子』を何度か歌わせましょう。歌詞は印刷して配っておきます。

上記の歌詞の文字づかいはオリジナルの歌詞によるものです。子どもたちには難しいと思いますので、適宜、ふりがなをつけてよいでしょう。

(2) 最初の質問

『七つの子』は、だれが歌っているでしょうか？
だれが歌った方が似合ううたでしょうか？
歌詞から考えてください。

1　大人
2　子ども

子どもたちの回答は、「子どもが歌ったほうが似合ううた」と考えられます。あるいは、大人が歌ったほうが似合うという答えがあるかもしれません。大切なことは、「なぜそう考えたのか？」を、子どもたち自身に説明させることです。

(3) 分析的に歌詞を解釈

次のように話します。「皆さんからいろいろ意見がでましたが、ここでは子どもたちが歌ったほうが似合ううたということにしましょう。」

そして、次のように問いかけます。

子どもだけで歌っているでしょうか？
お父さんやお母さんといっしょに
歌っているでしょうか？

1　子どもだけ
2　お父さんやお母さんも

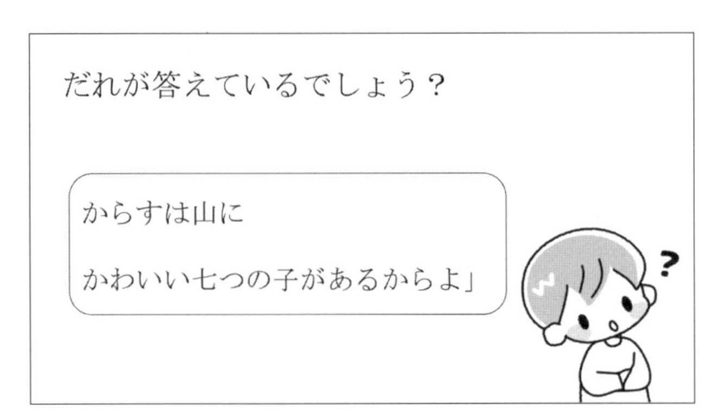

たいていの答えは、「おかあさん」と想定されます。
答えが出たら、次に進みます。

「子ども」という答えが想定されます。次に進みます。

答えは「おかあさん」かもしれませんし、「おとうさん」かもしれません。

このようにして、それぞれの連を、誰が歌っているのか（子ども一人でこのような会話をしていることはなかなか想定できませんが、それでも教室の子どもたち全員がいいということになれば問題ありません）を決めて、そのうえで、歌ってみると、この音楽の表現が大きく変わるでしょう。

大切なことは、歌う子どもたち全員の歌詞の解釈が統一されていることです。

子どもたちの中で、「これは悲しいうた」「これは楽しいうた」と解釈が分かれて、一緒に歌っても、よい表現になるはずがありません。音楽的な表現の統一ができていないからです。歌詞の解釈を統一して歌う、これが表現を豊かにする第一歩です。

吉田孝さんは、「歌詞の解釈」について、「『考えよう』だけではなかなか子どもたちには思いつかない。大切なことは歌詞を分析的に解釈させることである。」と言っています。まったく同感です。もちろん歌詞に深い意味がない場合は別ですが、先の例のように、歌詞の解釈を教室の子どもたち全員で共有できるようにしたならば、それだけで表現は一致してくるはずです。

また、吉田孝さんは次のようにも言っています。

「発問とは子どもたちの頭の中に疑問を生じさせることだ。」

教師による発問は、子どもたちの頭に「疑問」や「考える」ということを生み出せるようにしたいものです。

なお、無理のない姿勢、大きな声を出さなくても、子音さえ丁寧に歌えば歌詞は十分に聞こえます。本シリーズのライブ！音楽指導クリニック③『学校行事で使える音楽活動のアイデア』の歌唱「かっこよく歌う」を参照してください。表現豊かに歌っているということは、自然な発声で歌っているということなのです。

ワクワクハモリ体験

歌唱×小学校中学年・高学年・中学校向き

1　合唱の種類

さて合唱!!「子どもが楽しく歌える曲は何があるかな。J-POP がいいかな。アニメソングも喜ぶかな。」楽譜を探しに、楽器店や書店に足を運ぶ方もいらっしゃるでしょう。ですが、「どの楽譜を選んだらよいのかわからなかった。」「楽譜を買ったけど使えなかった。」ということもあるようです。どのような楽譜を選べばよいのでしょうか。歌唱の形態には次のようなものがあります。形態に合った楽譜を選ぶことが大切です。

独唱	旋律を一人で歌うこと。伴奏はあってもよい。ソロとよばれることもある。
重唱	二人以上の歌い手が、それぞれ異なる旋律を合わせて歌うこと。デュエット、トリオなどとよばれることもある。
斉唱	同一旋律を、複数の歌い手が同度（同じ高さの声）または、オクターヴで同時に歌うこと。ユニゾンとよばれることもある。
合唱	異なる旋律を、何人かずつの歌い手が合わせて歌うこと。コーラスとよばれることもある。

また、合唱の楽譜は、次のように区別されていることが多いようです。

男声合唱	声変わりした男声による合唱
女声合唱	女声のみの合唱。児童が歌うこともある。

同声合唱	児童のみの合唱。女声が歌うこともある。
混声合唱	男声と女声がまざった合唱。主に中学生以上。

さらに、二つのパートに分かれて歌うものを二部合唱、三つのパートに分かれて歌うものを三部合唱とよびます。同声二部合唱と書いてあれば、二つのパートに分かれて歌う児童合唱ということになりますね。

また、楽譜を購入する際には、同じ曲であっても編曲者、出版社によって違いがあることも知っておくとよいでしょう。卒業式でよく歌われる『旅立ちの日に』も、同声二部合唱、混声三部合唱の楽譜があります。また、『となりのトトロ』の主題歌『さんぽ』にも、やさしく歌える楽譜、伴奏が難しい楽譜、調が異なる楽譜など、さまざまなものがあります。子どもの実態に合った楽譜を選ぶことが大切です。

2　合唱が大好きになるハモリ体験

合唱の醍醐味は、なんといってもハモったときの気持ちよさです。音がぴったり合ったときに感じる背中がゾクゾクする感覚は、他ではなかなか味わえないものです。とは言うものの、その練習を負担に感じる子どもも少なくありません。特に、副旋律のパートは、おもしろくないメロディを繰り返して練習するのに、飽きてしまうのです。合唱経験が少なく、ハーモニーをイメージできない子どもにとっては苦痛の時間でしかありません。ここでは、ハモったときの心地よさを体験できる授業を紹介します。一度ハモリ体験をしておけば、合唱のときにもイメージをつかむことができるようになります。（1）（2）（3）（4）は、別々に行ってもかまいません。合唱の導入で活用することもできます。

（1）導入

まず、子どもたちが好んでいる曲を歌います。「今日は、みんなの好きな曲からスタートです。何が歌いたい？」と子どもたちにたずねましょう。ハモリの体験をさせるためには、声を出して歌うことが必要不可欠です。蚊の鳴くような声で、ハーモニー感を味わうことはできないからです。J-POP

でもアニメソングでも構いません。みんなで楽しく歌いましょう。スマホやタブレットのカラオケアプリを活用するのもおすすめです。電子黒板に映せば、カラオケ気分で歌うことができます。

声がなかなか出ないときには、声の大きさに反応して動く、おもちゃなどを活用するのもおすすめです。声の大きさが視覚化できます。また、スマホやタブレットなどのアプリもつかえます。「騒音計」でアプリ検索してみてください。ネーミングはちょっとものものしいのですが、音の大きさ（デシベル）を測定することができます。アプリの画面を電子黒板などに映せば、声の大きさがリアルタイムで数値化されます。数値の目標があると、子どもたちも声を出しやすくなります。

（2）輪唱にチャレンジ

全員が同じメロディを歌って、パートごとにずらすだけで簡単に美しいハーモニーがつくりだせるのが、輪唱の魅力です。まずは、『かえるのうた』を歌いましょう。

①斉唱バージョン

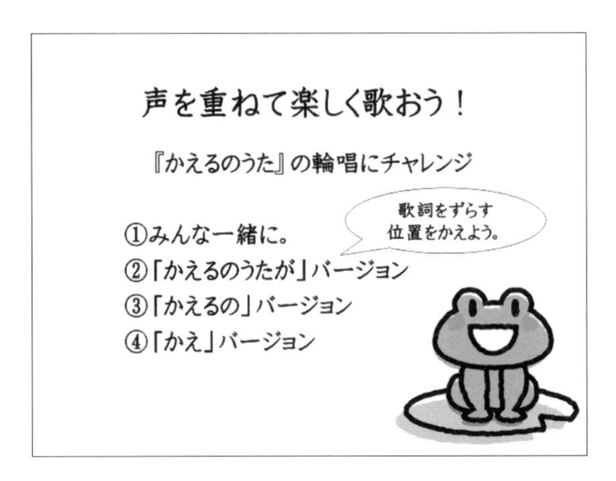

全員で『かえるのうた』を斉唱します。「『かえるのうた』覚えていますか？歌いましょう。」と声をかけます。（1）のテンションをキープしたまま、楽しく歌わせるのがポイントです。

② 「かえるのうたが」バージョン

次に輪唱をします。「『かえるのうた』の輪唱を覚えていますか？」と話します。クラスを３つに分け、下の図のように歌わせましょう。いつもの輪唱です。２回程度、繰り返すと、ハモりを十分に味わわせることができます。

かえるのうたが　きこえてくるよ
　　　　　　　かえるのうたが　きこえてくるよ
　　　　　　　　　　　　　　かえるのうたが　きこえてくるよ

③ 「かえるの」バージョン

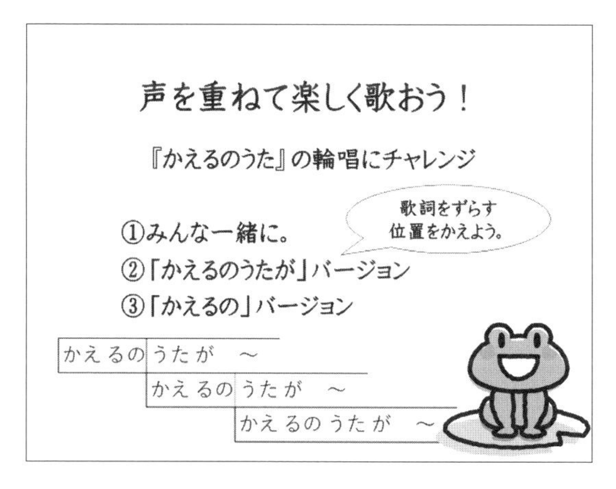

「『かえるのうた』って、ずらし方をかえても輪唱ができるんだよ。ちょっと難しいんだけど、やってみる？」と話し、「かえるの」でずらすことを説明してから歌わせます。少しもったいぶって「難しいんだけど……」を強調することで、子どもたちのやる気は、逆にアップします。

④ 「かえ」バージョン

「もっと難しいんだけど……。」と声をかけて歌わせます。

うまくいったら、「さすがだね。ハーモニーがきれいだね。」とほめることを忘れずに。

かえ るの うたが ～
　　かえ るの うたが ～
　　　　かえ るの うたが ～

（3）パートナーソングにチャレンジ

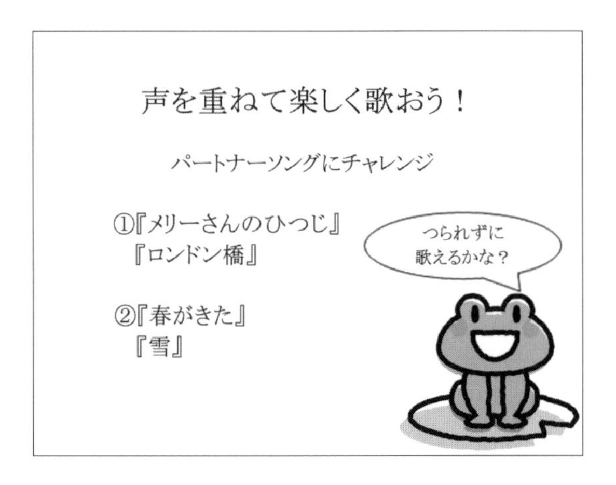

輪唱でハーモニーの感覚を味わったら、もう一歩前進、「次は、ちがううたを一緒に歌うパートナーソングにチャレンジしましょう。もっと難しくなるよ。」と話します。不思議なハーモニーの感覚が楽しめます。なお、ジャズの世界では、プロの歌手がちがううたを重ね、パフォーマンスすることもあります。「ジャズの歌手がやる高度なテクニックなんだよ。」という話をしてもよいでしょう。なお、パートナーソングには、次のような例もあります。

『うさぎとかめ』（石原和三郎作詞　納所弁次郎作曲）と
『浦島太郎』（文部省唱歌）

『かたつむり』（文部省唱歌）と
『証城寺の狸囃子』（野口雨情作詞　中山晋平作曲）

『赤い靴』（野口雨情作詞　本居長世作曲）と
『月の砂漠』（加藤まさを作詞　佐々木すぐる作曲）

『ロンドン橋』（相馬一郎作詞　イギリス民謡）と
『権兵衛さんの赤ちゃん』（作詞者不明　アメリカ民謡）

（4）二部合唱にチャレンジ

簡単な二部合唱にチャレンジします。曲は、『いい声だいい声だ』です。①②③の手順で歌います。教師のまねをして覚えさせましょう。

①全員でメロディを覚えて歌う。

②全員で「まったくだ。まったくだ。」だけを繰り返して歌う。

③二つのグループに分かれ、合わせて歌う。

いい声だ いい声だ

作詞 岡本敏明
ドイツ民謡

「いい声だ。いい声だ。」を「いい足だ。」「いい耳だ。」など、「いい○○」で歌ってみましょう。楽しく活動することができます。

第3章

器楽の授業のネタ

第1節 鍵盤ハーモニカで暗号解読

器楽×小学校低学年・中学年向き

1　鍵盤ハーモニカの秘密

低学年の器楽の授業でよく使われるのが、鍵盤ハーモニカです。鍵盤ハーモニカは省略して、「けんは」や「けんはも」と呼ばれます。また、「ピアニカ」「メロディオン」と呼ばれたりもしているようです。ちなみに、「ピアニカ」「メロディオン」は楽器メーカーがつけた名前です。YAMAHA 製の鍵盤ハーモニカには「ピアニカ」、SUZUKI 製には「メロディオン」という名前がつけられています。絆創膏のことを、「カットバン」「バンドエイド」「サビオ」などと呼ぶのと同じです。呼び方に決まりはありません。

昭和の時代、小学校の低学年の器楽の授業ではハーモニカがよく使われていました。しかし、現在では、鍵盤ハーモニカが多く使われるようになりました。その理由は、次のようなものです。

①吸ったり吹いたりする必要がない。吹くだけで OK。
②息の出し方やタンギングで音色をコントロールできる。
③鍵盤の指を見れば、何の音を出しているかがわかるため、教師が指導しやすい。
④和音が演奏できる。
⑤シャープやフラットが演奏できる。

なんだか万能の楽器にみえてきましたね。キーボードやタブレットパソコンの鍵盤アプリなどでは、音色をつくることまではできません。リコーダーは一人で和音を演奏することはできません。鍵盤ハーモニカは、低学年だけでなく、中学年、高学年になってもさまざまに活用できる楽器だということがわかります。現在では、趣味で鍵盤ハーモニカを演奏する大人も増えています。ピアニカ前田さん、松田昌さんなど、プロの鍵盤ハーモニカ奏者もいます。興味がある人はインターネットで検索をしてみてください。プロの演奏の映像を子どもに見せると、鍵盤ハーモニカへの興味がぐっと増します。

ところで、鍵盤ハーモニカについているボタン、気になったことはありませんか？このボタンは「水抜きボタン」「つば抜きボタン」などと呼ばれます。このボタンを押して、息を強く吹き込むと、中にたまった水分（ツバ）を抜くことができます。鍵盤ハーモニカを使い終わったら、カビなどの予防のためにつばを抜いて乾かしてから、ケースに入れることをおすすめします。

2　ドレミ姫を助けよう

鍵盤ハーモニカを演奏する際、子どもたちが難しいと感じるのはどのような場面でしょうか。その一つに、５本の指をバラバラに動かさなければならないことがあります。ここで紹介するのは、指番号を楽しく覚えて演奏する教材です。指番号を覚えさせてから練習させると、思った以上に上手に演奏をすることができます。なお、息づかいやタンギングが練習できる教材は第２節で紹介しています。こちらも、併せてご活用ください。

(1) 導入

「たいへん。ドレミ姫が悪者につかまっちゃった。暗号を解読しなきゃいけないんだって。みんなで一緒に助けよう。」と声をかけます。パペットなどがあれば、子どももノリノリです。

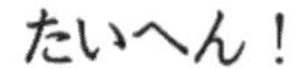

どれみひめが わるものにつかまっちゃった

ひめを たすけたければ、
あんごうを かいどくして
ぱすわーどを てにいれること。
ぱすわーどは きょくのなまえだ！

（2）『ちょうちょう』の指番号を歌って覚える

ひみつのあんごう

うーん。なんのきょくだろう？

ひんと1　すうじでりずむを うたおう。
おぼえるまでうたってね。

⑤③③・|④②②・|①②③④|⑤⑤⑤・

「ヒント１　数字を歌って覚えようと書いてあるね。一緒に歌ってみよう。」と声をかけ、最初は教師が『ちょうちょう』のリズムで、指番号の数字だけを唱えます。

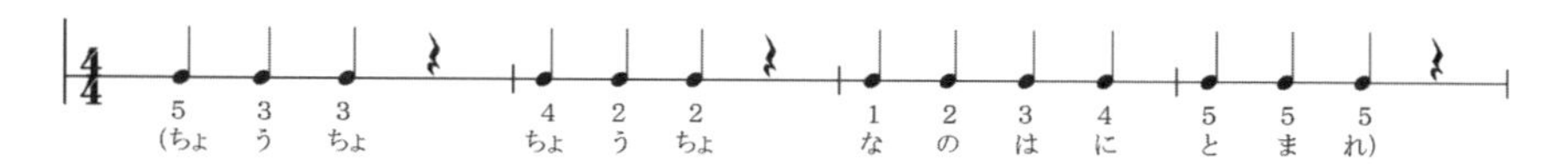

唱えるのは最初の４小節だけです。音程はつけません。最初は教師が見本をみせてから、子どもたちにまねをさせます。子どもたちが確実に歌えるように、短く４小節だけを練習するのがコツです。繰り返して歌って覚えさせましょう。

（3）指番号に合わせて指を動かす

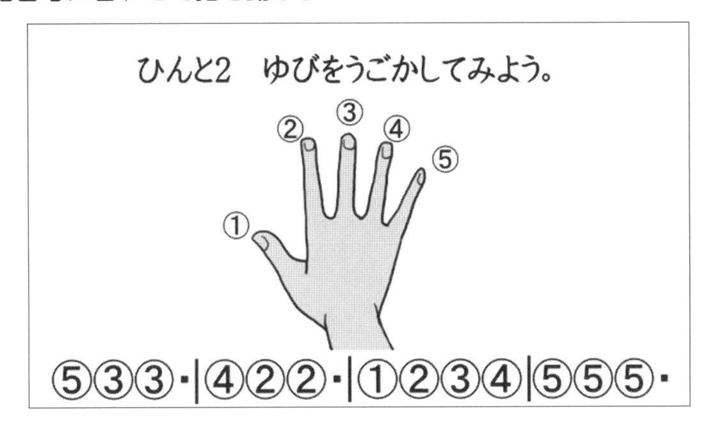

「なんの番号だろうね。次のヒントをみてみよう。」と言いながら、次のスライドをみせます。「指を動かそうと書いてあるよ。」と声をかけ、教師が手本をみせます。鍵盤ハーモニカを弾くのと同じ向きで手を上げ、空中で動かします。子どもから手の甲が見える向きです。指の動きが見えるようにして、歌いながらゆっくり動かします。子どもたちといっしょにやってみましょう。子どもたちの手も、空中に手を上げさせます。一人ひとりの手の動きが見えますので、わからない子ども、間違っている子どもにも支援をすることができます。

（4）鍵盤ハーモニカの上で指を動かす

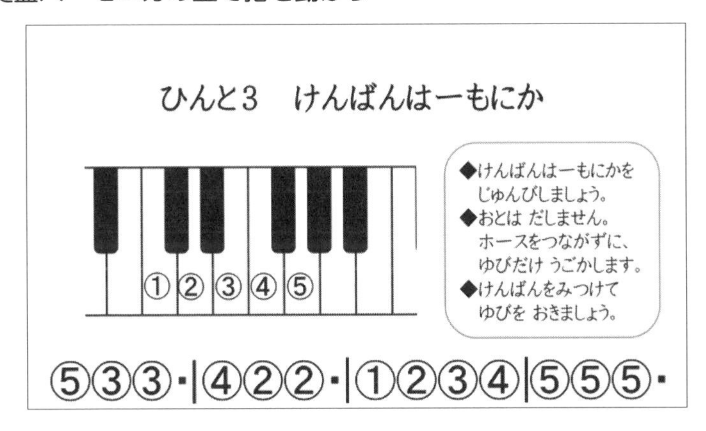

「ヒントに鍵盤ハーモニカと書いてあるよ。鍵盤ハーモニカの指番号かな。

鍵盤ハーモニカを準備しよう。」と声をかけます。準備ができたら、鍵盤ハーモニカの上で指を動かします。最初は、「ドの音をみつけて、１の指を置きましょう。置けたら、隣の席の友だちと確認してください。」と声をかけます。続いて、「２３４５の指も置きましょう。」「５３３の順に指を動かします。」と指示します。指示は一つずつがポイントです。最初は、番号をつぶやきながら、息を吹き込まずに練習させます。息をコントロールしながら、同時に指を動かすのは負担が大きいからです。スモールステップで進めることが成功のコツです。

（5）鍵盤ハーモニカを演奏する

『ちょうちょう』

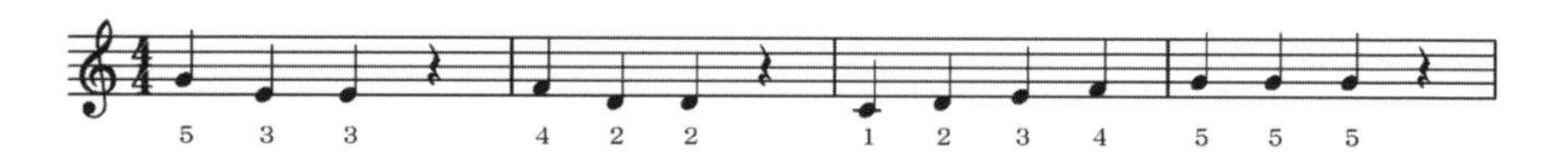

息を吹き入れて、音を出しながら演奏します。何の曲が聴こえてくるでしょうか。そうです。『ちょうちょう』です。みんなで一緒に吹いてみると、思った以上に上手に吹けるようになっているのでみんな大喜び。パスワードが「ちょうちょう」であることを確認します。

（6）違う課題にチャレンジ

最後の問題は、子どもたち自身に考えさせます。グループで考えさせてもよいでしょう。こたえは、『チューリップ』と『かっこう』です。

『チューリップ』

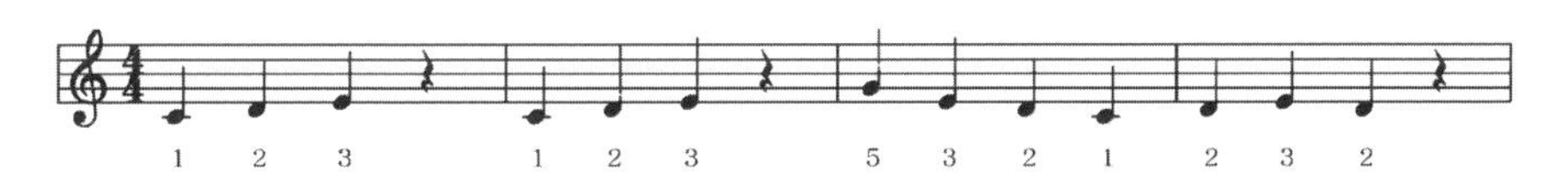

『かっこう』

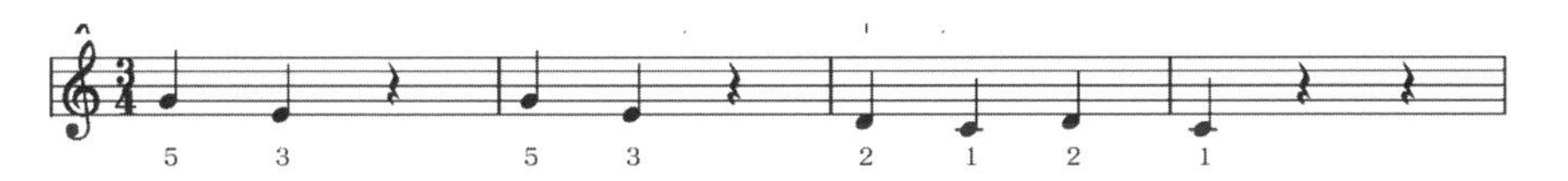

ドレミ姫を助けたら、みんなで3曲を演奏します。最後に、①②③④⑤が「ドレミファソ」だったことを確認するとよいでしょう。

同じ要領で、グループごとに暗号（問題）をつくり、問題を出し合うクイズ形式の授業を行ってもいいですね。

第2節 リコーダーで宇宙旅行

器楽×小学校低学年・中学年・高学年向き

1　リコーダーは必修の楽器？

小学校の器楽の授業で使用する楽器のNo.1はリコーダーでしょう。実は、小学校、中学校でのリコーダー使用は必修ではありません。学習指導要領では、楽器の一例として示されているにすぎません。したがって、他の楽器を使って、器楽の授業を行ってもよいのです。しかし、すぐに音が出る、音階が吹きやすい、息づかいや舌のコントロールで音を作ることができる、安価で個人持ちができる、などの楽器はそう多くありません。このような理由から、多くの小学校、中学校でリコーダーが使用されています。なお、中学校では、平成10年に告示された学習指導要領で和楽器の演奏が必修化されたことにより、現在では、箏や篠笛を器楽の授業であつかう学校も増えました。しかし、手軽に楽器の演奏が楽しめるという点において、リコーダーに勝る楽器は、なかなかないのも事実です。

リコーダーは、昔のヨーロッパでは重要な楽器の一つでした。18世紀半ばまで「フルート」という名前は、リコーダーをさしていました。バッハ作曲の『ブランデンブルグ交響曲』、ヘンデルのソナタなどではリコーダーが使われています。現在、日本のリコーダー曲で、最も知られているのは、なんといってもNHKの「ピタゴラスイッチ」のテーマ曲でしょう。「栗リコーダーカルテット」というグループが演奏しています。「栗コーダーカルテット」のアルバムには、楽しいリコーダー曲がたくさんあります。聴かせるだけで、子どもたちが「リコーダーを演奏してみたい！」と目を輝かせること間違いなしです。

リコーダーを上手に吹くコツは、息づかいとタンギングにあります。息づかいがコントロールできるようになると、強弱をつけたり、フレーズ感を出したりすることができます。したがって、表現の幅が広がります。また、高い音や低い音を楽に出せるようになります。タンギングとは、タング（舌）を使った管楽器の演奏の方法です。「トゥートゥートゥー」のように舌を使います。これにより、はっきりした音で演奏することができます。また、「ドゥードゥードゥー」や、「ルールールー」などのタンギングをすることで、音色を変えたり、強弱をつけたりすることもできます。

「栗コーダーカルテット」の演奏をみてもわかるように、リコーダーは、大人になっても楽しむことのできるステキな楽器です。ここでは、息づかいとタンギングを楽しくマスターする練習を紹介します。

2　息づかいとタンギングを身につけよう

タンギング、及び安定した音を出す練習ができる方法です。タンギングをそろえ、まっすぐ、長く息を入れて、ロケットを飛ばします。ダウンロード資料のスライドでは、アニメーションでロケットが動きます。

（1）導入

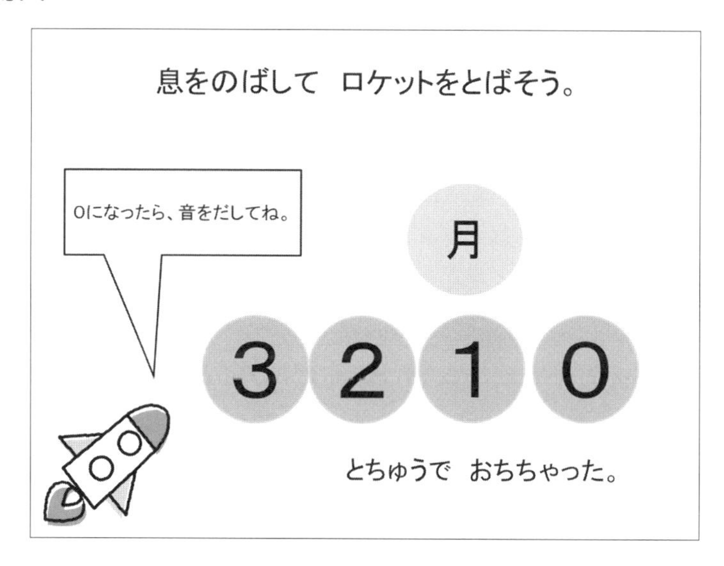

「今日はみんなでリコーダー号に乗って、宇宙旅行に行きましょう。みんなでリコーダーのラの音を吹くとロケットが飛びますよ。」と言って、まずは、運指を確認させましょう。次に、「3、2、1、0のカウントダウンで音を出しましょう。」と声をかけ、0になると同時に一斉にラの音を吹かせます。ダウンロード資料を使わずに黒板に地球、月、火星のイラストを掲示し、ペープサートを作って、動かしてもいいですね。

(2) タンギングの基礎基本

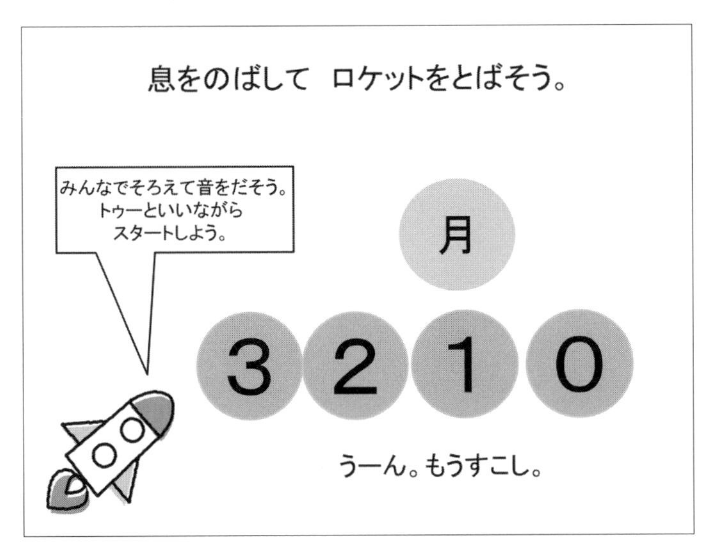

最初はなかなかそろいません。そこで、教師がタンギングでスタートをそろえることを提案します。まずは声を出して練習をしてみましょう。一旦リコーダーを置かせ、教師が「トゥ――」と声を出します。5秒ぐらい音を出し続け、子どもにもまねをさせます。声がぴったり合うようになったら、子音で言ってみましょう。ひそひそ話の声で「トゥ――」と言います。できるようになったら、「じゃあ、ロケットを飛ばすよ」と声をかけ、リコーダーを吹かせてみましょう。

(3) ロングトーンの練習

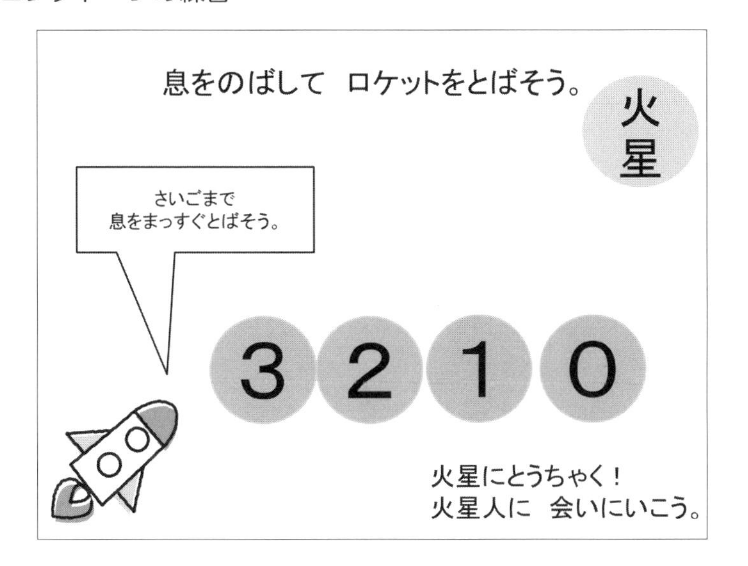

スタートがそろったら、音を長くまっすぐ出す練習に入ります。「途中で落ちないように長く音を出してみよう。」「ロケットをまっすぐ飛ばそう。」などと、声をかけ、長く安定した音を出すことを意識させます。たった5秒ぐらいですが、最初は、息が続かずに途中で音がなくなってしまったり、息が足りなくなって音がゆれたりしたりします。リコーダーは息の強さによって、音の高さが異なる楽器です。同じラの音でも、鋭く吹けば少し高い音が、弱く吹けば少し低い音が出ます。息の強さの感覚は、自分でつかむ以外にありません。「音がまっすぐ前にのびている感じ」で、演奏することを意識させると安定した音が出ます。まずは、月（5秒くらい）をめざして、次に火星（8秒くらい）をめざして、だんだん長く出せるように練習しましょう。

(4) タンギングの練習

長く、まっすぐ音が出るようになったら、タンギングを練習します。ここでは、誰もが知っている曲をタンギングのみで演奏し、曲名を当てるクイズをします。最初は教師が手本を見せます。次に、子どもたちがグループで問題を考え、クイズを出題します。夢中になってクイズの問題を考える間に、タンギングが身につきます。

まずは、教師が火星人になって、『チューリップ』のリズムを吹いてみましょう。

『チューリップ』のメロディを思い浮かべながら、「ラ」の音を演奏すればOKです。お手本ですので、きちんとタンギングをすることが大切です。「みなさんも火星人と同じように吹けるかな？」と声をかけ、まねをさせます。「トゥートゥートゥー」と、音を切って吹くことを助言しましょう。2回ほどまねをさせたら、再び火星人の登場です。「何の曲を吹いたかわかるかな？」と声をかけ、曲名を当てさせます。「みんなもよく知っている曲です」とヒントを与えてもいいでしょう。そして、次のように教師が正解を演奏します。

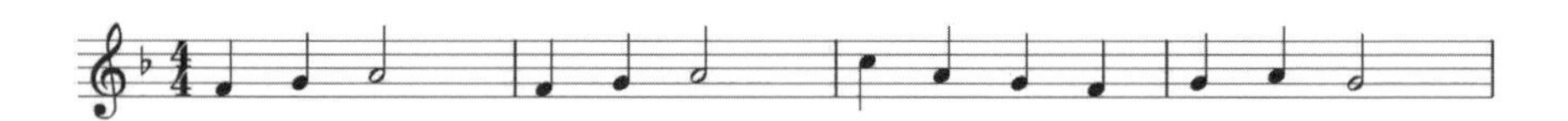

（5）グループでタンギングの練習

次は、子どもたち自身にクイズをつくらせます。教科書の既習曲を参考にしてもいいし、自分の知っている曲のリズムでも構いません。グループごとに曲を決めさせます。各グループには、「心の中で歌を歌いながら練習しましょう。」と声をかけ、練習をさせましょう。５分ほど練習したら、グループごとに発表させます。聴いているグループには、曲名を当てさせましょう。

この事例は、鍵盤ハーモニカのタンギングの練習でも活用することができます。息づかいの練習（ロケット）とタンギングの練習（火星人）は、別々に行っても構いません。

第3節　リコーダーの新たな奏法

器楽×小学校高学年・中学校向き

1　リコーダーをとらえ直そう

(1) リコーダーの起源と楽器の構造

リコーダーは歴史が古く、その始まりは定かではありません。たて笛という大きな枠組みでは、紀元前のインカ帝国時代に原型があったとされています。教育用として広く流通しているプラスチックのリコーダーしか見たことがないという子どもも多くいますが、もともとは象牙や動物の骨、または木をベースにしてつくられていました。現在の教育用のリコーダーのデザインが茶色ベースのものに継ぎ目だけが白になっているものや、全体が白いものは、実はその名残なのです。

それだけ古くからあるものですから、楽器の構造としても「筒状のものに穴が空いているだけ」という、とてもシンプルなものになります。その分、息づかいによって音色が左右されるのです。

(2) いろんな吹き方があっていい！

リコーダーが最も活躍したのはバロック時代です。テレマンやバッハなどといったバロック時代の作曲家は、リコーダーの作品を多く残しています。一般に、バロック時代の曲を演奏する際には、その時代のリコーダーの音に近い響きで演奏します。教科書などに掲載されている、「正しい楽器の持ちかた」や「正しい息づかい」は、バロック時代などの古典的な響きを前提とする演奏方法です。これは、リコーダーが発達してきた文化的背景を考えさせたり、クラスでアンサンブルをしたりする際の重要な視点です。

ですが、その一方で、音楽は西洋音楽に限らないという視点も大切です。例えばうたにもいろいろな発声法があります。オペラ歌手のように響き豊かな歌声も素敵ですが、シャンソン歌手のように言葉を紡ぎだしたようなものも魅力的です。また、ときとしてロックシンガーのように叫ぶのもかっこいいですね。同じように、リコーダーにもいろいろな吹きかたがあります。古典的な響きも素敵ですが、それ以外の吹き方を知ると、もっと表現の幅が広がります。現代音楽の作曲家であるルチアーノ・ベリオなどは、リコーダーのさまざまな特殊奏法を用いた楽曲をつくっています。興味がある方は、ぜひ聴いてみてください。

2　リコーダーのさまざまな音色を探究

ここでは、『かっこう』を教材に、リコーダーのさまざまな音色を探究する授業を紹介します。さまざまな奏法があることを実践的に学ぶことで、表現の幅が広がります。また、新たな奏法をみいだす過程を通して、楽器に興味をもったり、愛着がわいたりするでしょう。

(1) 導入

教師が、「これは何の声でしょう。」と言いながら、リコーダーの頭部管を使って、鳥の声を表現します。リコーダーを分解し、頭部管を手のひらや指で開けたり閉めたりすれば、簡単に鳥の声ができます。机の影などに隠れて音を出すとよいでしょう。

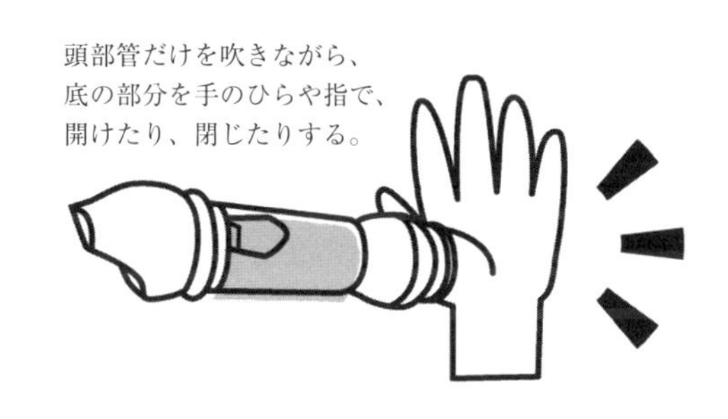

次に、どうやってこの音を出しているのかを子どもたちに考えさせます。「リコーダーを分解して演奏する」という考えは、なかなか思いつかないものです。しばらく考えさせてから、答え合わせをしましょう。答え合わせをしたら、子どもたちと一緒に鳥の声を出して、表現を楽しみましょう。

(2) めあての提示

次に、教師は「これは何の鳥でしょう？」と問いかけ、『かっこう』の最初の２小節、「かっこう　かっこう」の部分をリコーダーで吹きます。子どもたちはすぐに答えるはずです。もし、子どもたちの中から答えが出なければ、曲全体を吹いたり、「か」から始まる鳥なんだけど……などのヒントを出します。この曲は低学年の教科書に掲載されていますので、ほとんどの子どもが知っていると思います。題名がでてきたら、「今日は、いろいろな音で『かっこう』を吹きます。まずは、最初の部分をリコーダーで吹いてみましょう。」と言い、指づかいの確認をします。教師が手本を見せてから、練習をさせるとよいでしょう。今日の授業で主に扱うのは最初の2小節です。

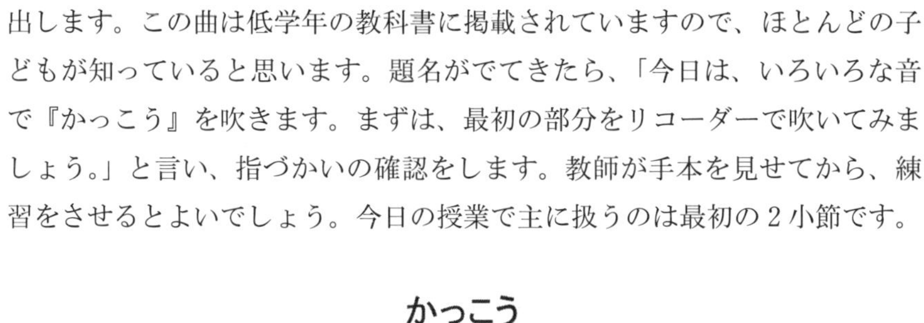

かっこう

日本語訳　小林純一
ドイツ民謡

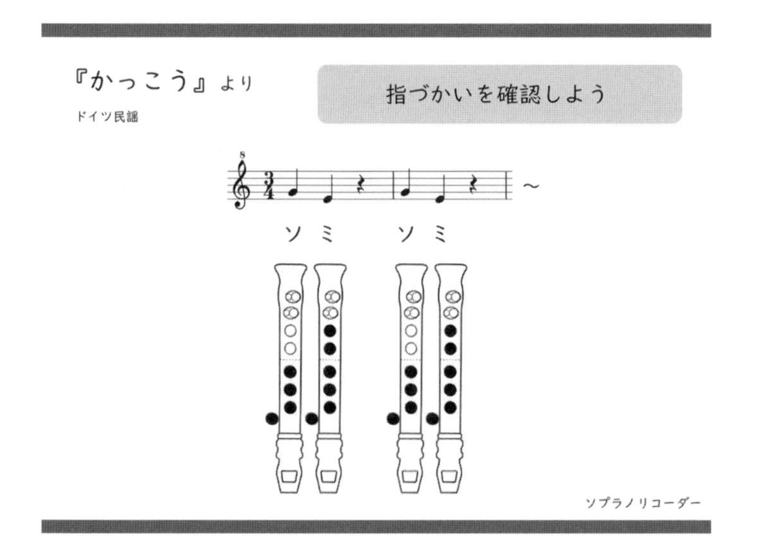

（3）息遣いによる音色の違いを感じとる

ここで、「かっこうの歌詞を覚えていますか？」と問いかけましょう。子どもたちの何人かは歌詞を覚えているはずです。全員で歌詞を確認しましょう。そして、「かっこうは静かに鳴いているね。静かな鳴き声をリコーダーで表してみよう。」と声をかけます。そして、子どもたち自身に「静かな音」を考えさせます。音を出しながら考えさせるのがコツです。少し時間をとったら、全員で一緒に吹きます。

「さっきとずいぶん変わったね？何を変えたの？息？」と問いかけ、どのような工夫をしたのかを、隣同士やグループで共有させます。「息の強さ」や「息のスピード」などの答えが出てくるといいですね。子どもたちの中で意見がまとまりにくいときは、「息は強く吹いたかな？弱く吹いたかな？」や「息のスピードは速かったかな？遅かったかな？」といったように、概念を対比させてもよいでしょう。

「リコーダーは息の入れ方によって音が変わるね。今日は、特別に、リコーダーの新しい音色のつくり方を教えます。」と話してから、本時の活動に入ります。「特別に」などの言葉を入れることで、子どもたちのやる気が増します。

（4）特殊奏法①　フラッター奏法

最初に紹介するのはフラッター奏法です。フラッター奏法とは、巻き舌をしながら吹く奏法です。ダウンロード資料のスライドには動画を準備しています。教師自身が演奏してもよいでしょう。独特の響きに気づかせることが大切です。その上で、「どうやって吹いているでしょう？」と問いかけましょう。そして、音を出しながら、音の仕組みを考えさせます。

フラッター奏法の仕組みに気がついた子どもが複数名出てきたら、全体で答え合わせをします。ダウンロード資料を用いても構いません。可能であれば、できる子どもに実際に吹いてもらったり、仕組みを解説してもらったりするとよいでしょう。

仕組みがわかったら、練習をする時間を設けます。単音でフラッター奏法をできた子どもから、『かっこう』の最初の２小節の音形を練習させましょう。ある程度できたら、一度、全員で吹いてみましょう。

この時点では、音の立ち上がりがはっきりしないことも少なくありません。「こうすると、もっとかっこよくなるよ！」と声をかけ、タンギングと組み合わせて吹く方法を教えましょう。つまり、単に「r-r-r-r」と巻き舌をするのではなく、音の立ち上がりの部分はタンギングにし、「t-r-r-r」とするのです。これを踏まえて、さらに何度か練習し、全員で合わせます。「不思議な鳴き声のかっこうになったね。」などの声かけをしましょう。

(5) 特殊奏法② 重音奏法

次に紹介するのは重音奏法です。重音奏法では、声を出しながらリコーダーを吹きます。まずは、子どもたちに音の仕組みを考えさせましょう。フラッター奏法のときと同じように、ダウンロード資料を用いても、教師自身が演奏しても構いません。音だけを聴かせて考えさせましょう。少し練習の時間を設け、できるようになったら、全員で吹いてみます。

重音奏法のポイントは、声の音高や音程を、リコーダーの音の高さと合わせることです。リコーダーが「ソミーソミー」と吹くときに、リコーダーと同じ高さの声を出すのです。練習では、「リコーダーと同じ音の高さで歌ってみよう」と声をかけ、最初に、「ソミーソミー」と階名唱させます。次に、歌詞はリコーダーを吹いている状態と近い形である「u」（ウ）の母音で歌わせます。できるようになったら、リコーダーをくわえさせます。何度か練習し、できるようになった全員で合わせます。

また、リコーダーで「ソミーソミー」の運指をしながら、「ミドーミドー」の高さで声を出すと、リコーダーの音と声をハモらせることができます。子どもの実態に応じて試してみてもよいでしょう。

(6)『かっこう』の全曲演奏

授業の最後には、『かっこう』を最初から最後まで通して演奏します。鳴き声である「かっこうかっこう」の部分と、それを模倣した音形の「ほーらほーら」の部分で特殊奏法を用います。「今日吹いた中で、どんなかっこうの鳴き声が好きだったかな？」「お気に入りだった鳴き声を吹いてみよう。」と声をかけ、指づかいの確認をしたり、曲の中で瞬間的に特殊奏法に切り替える練習をさせたりします。

最後に、全員で合わせてみましょう。いろいろな音の響きの『かっこう』が聞こえますよ。

第4章

音楽づくり・創作の授業のネタ

第1節 あっという間に音楽づくり

音楽づくり×小学校低学年・中学年向き

1　音楽づくりはなぜ大切？

音楽は、旋律、リズム、和音、音色、強弱などさまざまな要素でできています。これらの要素は少し変化させると、異なる作品に聞こえることもあります。例えば、『きらきら星』の最初のリズム、「タン タン タン タン タン タン タン ウン」は、旋律をかえると『かえるのうた』や『子犬のマーチ』に変身します。また、同じ曲でもギターで演奏するのと、ピアノで演奏するのとでは、曲の感じがちがいます。音楽に合わせて「手を打つ」という活動一つをとっても、手のひらを広げて叩くのと、手をぐーにして叩くのではちがう響きがしますね。音楽づくりの授業では、ゼロから何かを生みだそうとするのではなく、「何らかの要素を変化させる。」という観点をもつと、ぐっとラクになります。このような活動を積み重ねることで、子どもたちは、さまざまな音楽の要素に興味をもつようになります。

また、音楽づくりには、楽器や身の回りのモノ、また身体から発せられる多彩な音をみつけたりする活動、音をさまざまに組み合わせたりする活動などもあります。なかでも音みつけは、身の回りの音に興味や関心をもたせることができます。また、音を組み合わせる活動の際に音楽の構成を意識させれば、鑑賞のときにも、音楽の構成に集中して聴くことができるようになります。さらには、音楽づくりをグループやクラスで行なうことで、お互いの音をよく聴き合ったり、タイミングを合わせて友だちの音とつなげたりする力が身につきます。この力は合唱や合奏に生かすことができます。音楽づくりは、歌唱、器楽、鑑賞につながるすてきな領域だといえます。

2　音楽ゲームで基礎基本を確実にしながらクラスに一体感を‼

リズムゲームをしている間に、いつのまにか即興で音楽づくりができてしまう実践です。一つひとつを取り出して授業の導入に使ってもよいでしょう。ここでは、手拍子の音を素材にしましたが、声でも、リコーダーでもOK。音楽の基礎基本を、楽しみながら定着させることができます。

(1) 手拍子合わせ

まずは全員、その場で立ちましょう。教師は、「今日は音楽のゲームをするよ。まずは手拍子を合わせよう。」と声をかけて、突然「パン」と手拍子を打ちます。子どもたちは、何が起こったかわからずに、「なに？なに？」と言いながらキョトンとすることでしょう。そこで、「手拍子を合わせようって言ったでしょう？　もう一度やるよ。」と伝えましょう。２回目は、「さん、し」と言ってから手を打ちます。１回目よりは合わせられると思います。何度か続けて、だんだんとかけ声をなくしていきます。動作だけで合わせられるようにしましょう。全員の手拍子が一発に聞こえたら「すごいね。」とほめてください。一つになったときは、子どもたちも「わぉ」と歓声があがるはずですし、よし次はもっと合わせるぞという顔をしてくれますよ。

活動に慣れてきたら、手拍子を「パン、パン、パン、パン……」と連続して叩き、そして突然止めます！　リーダーをしっかり見て、音を感じていれば止まれますが、最初のうちは一人二人フライングする子どもが出ます。そのときはクラスに笑いが起こります。でも、クラスはとてもよい雰囲気になります。この音楽ゲームでは、合唱や合奏で最初に音を出す前の緊張感を味わうことができます。また、何より息を合わせるということを体験できます。

(2) 手拍子回し

全員で大きな輪になって座りましょう。椅子はあってもなくても構いません。「先生から時計回りに１発ずつ手拍子を回すよ。」と伝えます。最初はたどたどしく回りますが、テンポよく回る箇所もあります。その部分では子どもたちも「すごい！」となります。ざわつく場合は「静かに手拍子に集中して。」と注意します。次に「誰の音がよい音だったかな？よい音を探してみよう。」と一声かけて、もう一度手拍子を回してみましょう。子どもたちは、いろんな音を見つけてくれるはずです。

次は「今度は時計回りとは反対に回してみよう。」と伝えます。子どもたちは、友だちが見つけた音に耳を傾けながら手拍子を回します。「へぇ」とか「おもしろい」などいろいろな感想が出てくるでしょう。

①手拍子回しバリエーション：できるだけ速く

「おもしろい音がたくさん聞こえたね。次は、手拍子をできるだけ速く回してみよう。」と伝えます。「できるだけ速く」という言葉に反応して、「超スピード」のところや、「つっかかった」ところなど、さまざまなリズムが活動で生まれます。おもしろいリズムが聞こえた箇所は子どもたちからも「わぉ」と驚きの声が上がります。教師も「◯◯くんたちの手拍子、速かったね。」とか「かっこよかったね。」とコメントしながら、何度か繰り返しましょう。

②手拍子回しバリエーション：声回し

音の素材を変えてみましょう。「今度は手拍子を声にするよ」と伝えて（きれいな声で）「う～♪」と声を出します。まずは、「この声をみんな真似てごらん。」と伝え、全員で一緒に声を練習します。そして「この声を○○さんから時計回りにまわそう！」と指示します。

うまくできたら、「次は、前の友だちとは違う声を回してみよう。」と指示します。「前の友だちと違う声」のイメージがわかない子どもが多い場合、教師がサンプルを示しましょう。（きれいな声で）「あ～」、（ダミ声で）「が～」、（かすかに聞こえるか聞こえないような小さな声で）「し～」、また極端に高い音、低い音など、一人芝居でやってみせます。子どもたちは「先生、おもしろい～」と笑いますがイメージもつかんでくれます。「さあ、はじめるよ。○○さんからいこう。」と言って音楽ゲームを始めます。

（3）リズム回し

①まねっこあそび

最初に「リズムによるまねっこあそび」をします。「先生のまねをしてね」と伝え、２拍のリズムを叩き、それをまねさせます。２拍のリズムには、次のような例が考えられます。

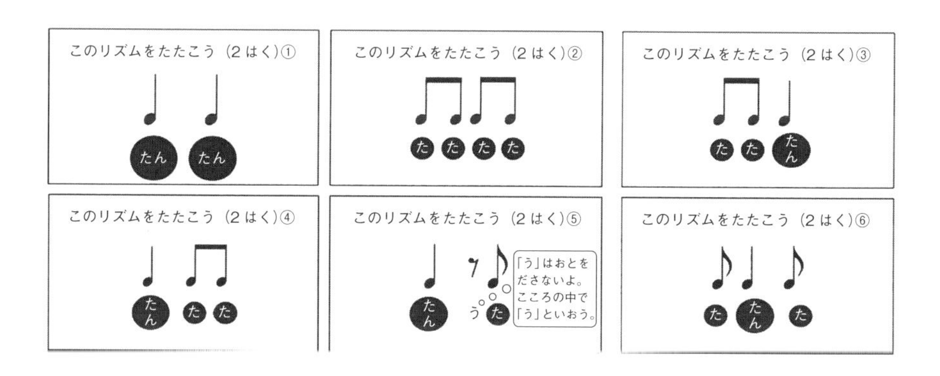

最初は簡単なリズムから、だんだん難しいリズムにしていきましょう。上記の例だけでなく、即興でさまざまなリズムをつくるとよいでしょう。最初は、手拍子がそろわないリズムがあるかもしれません。ですが、何度か、繰り返すと、できるようになります。

②リズム回し

できるようになったら、「次はリズム回しをするよ。今度は、２拍分のリズムをつくって、時計回りに回していこう。ルールはひとつ！前の人と同じリズムにしないこと。」を伝えます。教師はクラベスなどで拍子を叩きます。そして、最初の子に向かって「どうぞ」と促します。２拍子の拍の流れにのって、リズムを即興的につくる音楽づくりの活動です。

③リズム回しバリエーション：リズム重ね

何度かリズム回しをして、できるようになったら、「リズム重ね」をします。新しいルールは、「自分のリズムを繰り返すこと」です。

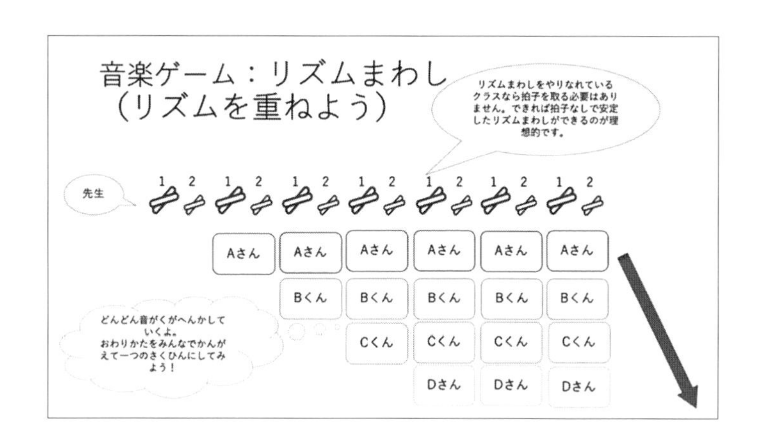

図のように、Aさん、Bくん、Cくん、Dさんの順に重ねます。リズムを重ねることで、どんどん複雑な音楽ができあがります。子どもたちは素直に「すご～い」と言うでしょう。全員が叩き始めてしばらくしたら「ストップ。」と声をかけ、一度止めます。「これじゃあ、一生終わらないね。」と伝えると「そ～だ。」と返ってきます。そこで「終わり方を考えよう。」と促します。いろいろな案が出てくると思います。その案を試してみましょう。例えば、誰かが「せーの」と言って一斉に終わる案（圧倒的なクライマックスです）、最初の人から順番に叩くのを止める案（徐々に静かになりながら消えるように終わります）、エンディングのリズムを決めて（例：たん・たた・たん、など）、リーダーの「さん、はい」という合図でそのリズムを全員で叩いて終わる（最後のリズムがそろえば「おぉぉ～、すご～い」となること間違いなしです）、などがあります。

クラス全員でステキな音楽をつくりましょう。音楽の素材やアイデアの引き出しが増えますよ。

第2節 五線譜？ 図形譜？

音楽づくり×小学校中学年・高学年・中学校向き

1 楽譜ってなんだろう？

音楽の授業で用いる楽譜は、五線譜です。後述しますが、楽譜には五線譜以外のものもあります。

では、なぜ五線譜を使うのでしょうか？理由の一つは、世界中の多くの人々がわかるということです。五線譜を使って作曲した作品を見てみましょう。バッハでもベートーヴェンでも、滝廉太郎でも、五線譜に「ファ」と書いてあったら、それは「ファ＃」でもなく、「ミ」でもありません。五線譜を理解している人にとって、下第一間（一番下の線と下から二番目の線の間）に書かれた音は「ファ」と読み取る約束があるからです。同様に、「メゾフォルテ」は、「フォルテ」でもなく「ピアノ」でもありません。「メゾフォルテ」としてしか、私たちは理解しません。だから演奏家（とくにクラシック音楽）は、楽譜を間違いなく完璧に理解して、演奏することに意識を向けます。

しかし、「楽譜通りに間違いなく演奏できました。」ということほど、「音楽」から程遠いものはありません。ここが、音楽を書き留める「五線譜」というシステムの限界です。楽譜に「音楽」は書き込めません。楽譜に書かれているのは「音楽を構成する音のデータ」にすぎないのです。

人に例えて考えてみましょう。生年月日、出身地、生まれた日の星座、血液型、学歴、賞罰、両親の名前、飼っている猫の名前など、人はさまざまなデータをもっています。しかし、そのようなデータをいくら膨大に並べて紙に書いても、「人」にはなりません。その人を知ることもできません。つまり、楽譜に書き表している記号は、作曲家の言いたいことを演奏者側に判断させるヒントの役割しかもっていないということになります。例えば、フォルテやピアノの記号が書かれていても、どのくらい大きな音なのか、小さな音なのかは、作曲者にしかわかりません。だからこそ、ヒントを読み解いて、記号を音楽に変換するという行為、すなわち、音楽を解釈することが大切なのです。

2　図形譜を使って創作しよう！

本事例は、図形譜による音楽づくりです。この活動を通して、子どもたちに五線譜の利便性と限界を理解させることができます。また、これは五線譜を学習する意味を理解させることにもなります。

（1）五線譜の理解

最初に教科書の既習曲を歌います。曲名は問いません。ここでは、『おぼろ月夜』を例にしています。最初に『おぼろ月夜』を全員で歌い、次のように問いかけます。

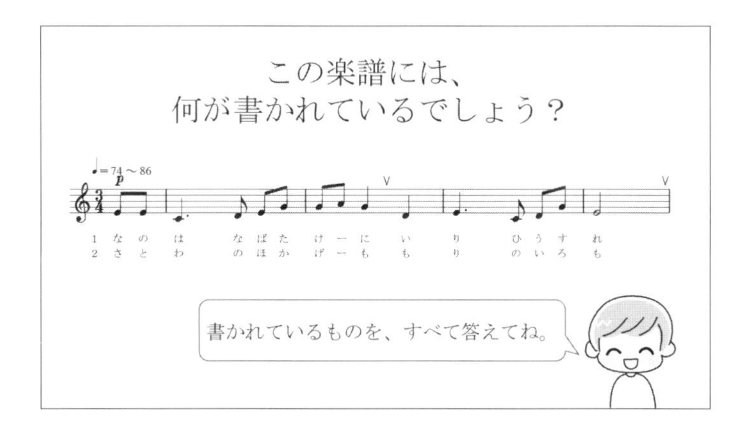

「四分音符」「八分音符」「歌詞」「息つぎ（ブレス）」「ピアノ」などの答えが出てくるでしょう。だいたいの正解が出てきたところで、次の質問をします。

少し考えさせた後、次のスライドのように説明します。ここでは、あまり時間をかける必要はありません。

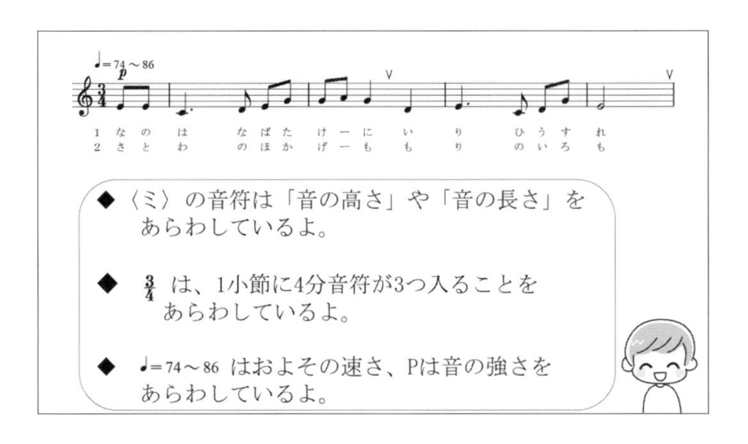

ここで、「みなさんが知っているバッハもモーツアルトもベートーヴェンもみんなこの楽譜を使っています。」と話をします。そして、五線譜のルーツは、1000年以上前にあることを話します。ダウンロード資料にある「ネウマ譜」を見せてもよいでしょう。

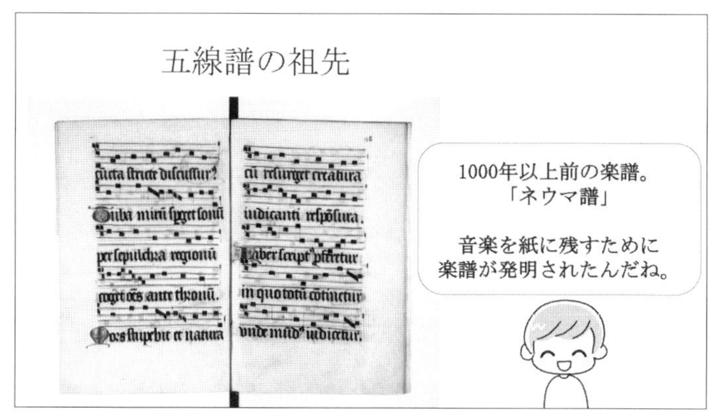

出典：フランス国立図書館デジタルアーカイブ

(2) 図形譜の理解

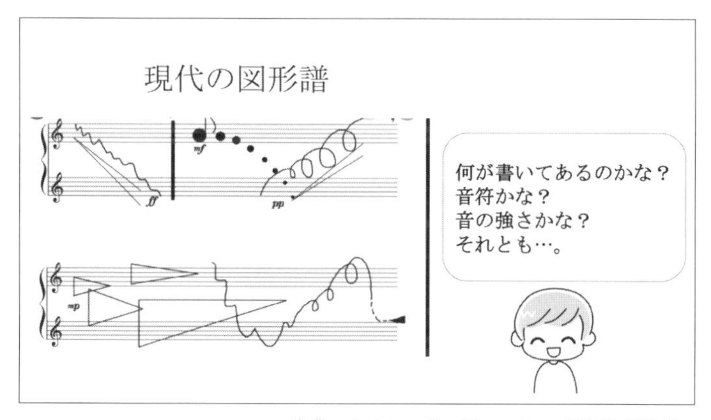

出典：クルターグ・ジェルジュ（1973）『遊び』

次に、「この楽譜は、図形譜と言います。見ての通り、図形のような形で書かれているからです。私たちには、なじみのない楽譜ですが、今の作曲家たちはこんな楽譜をいっぱい使って、音楽を書いています。」と話します。その後に、図形譜に何が書かれているのかを考えさせます。

子どもたちに、さまざまな回答をどんどん発言させましょう。なぜそう思うか、という理由も発言させることが大切です。インターネットで「図形譜」と検索するとさまざまな図形譜が出てきます。それらを子どもたちに見せてもよいでしょう。

そして、「こちらも図形譜です。演奏できるかな？」と問いかけ、表現させてみましょう。

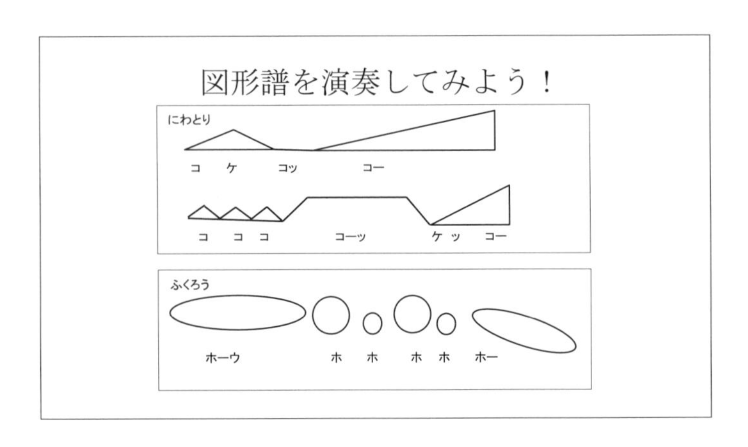

子どもたちが恥ずかしがる場合は、教師が最初に手本を示しましょう。犬でも猫でも、子どもたちが表現したくなるように、教師が大げさに、おもいっきり表現してください。

五線譜について、さらに説明が必要な場合は次のように話してください。

「五線譜では、ドの次の音は、ド#になります。しかし、もし作曲家が、ドとド#の間の音を使って、何かを表現したいと考えた時、もう五線譜ではそれを書くことができません。五線譜では表しきれない、複雑な音響や作曲家の音楽的思いを書き留めるために、図形譜が発達してきました。」

(3) 図形譜で音楽づくり

図形譜で音楽をつくろう！

3つの約束

◆15秒以上の曲にすること
◆図形譜をつくること
◆自分たちで演奏できること

うたっても、おどりをつけても、
音がでるものや楽器をつかってもいいよ

Ａ３用紙、五線譜など、自由に書き込める用紙を準備して、配布します。最初は、なかなかアイデアが出ないと思います。そこで、「例えば、タイトルを先に考えたらどうか。」「今日あったできごとを音楽にしたらどうか。」「いろんな笑いの声を音楽にしたらどうか。」「動物の鳴き声を集めてみてはどうか。」「みんなが笑えるような曲にしたらどうか。」などのアドバイスを与えるとよいでしょう。

著者の経験では、１グループあたり５～７名ぐらいの人数が一番、活発な意見が出るようです。

最後に、それぞれのグループでつくった曲を発表させます。黒板などにグループのそれぞれの曲のタイトル（あれば）や、グループ名を書き出しましょう。可能であれば、実物投影機などを使って、図形譜を電子黒板などに映しましょう。デジタルカメラで撮影して、電子黒板に映してもいいですね。

（4）まとめ

最後に、次のような話をします。

> Ａグループがつくった図形譜を見ましょう。とてもよくできている楽譜です。しかし、このＡグループの図形譜を、Ｂグループに渡して、演奏をお願いしたら、その演奏は、Ａグループと同じようになるでしょうか。図形譜では、それをつくった人が演奏する場合、何も問題がありません。しかし、まったく知らない人や遠い外国の人に、その図形譜を渡しても、なかなかつくった人の音楽的な思いが通じません。つまり、同じように演奏してくれるかどうか、わからないのです。しかし、五線譜では、音楽的な思い、同じように演奏してくれる可能性がとても高くなります。だから私たちは、学校で五線譜による音楽を、勉強しているのです。ただし、五線譜に限界があることも知っておきましょう。

子どもたちは、実際に音楽づくりの経験をしていますので、「図形譜に書かれた音楽を違うグループで再現することは難しい。」ということを理解しているはずです。また、五線譜を勉強する意味についても、理解することができるようになります。

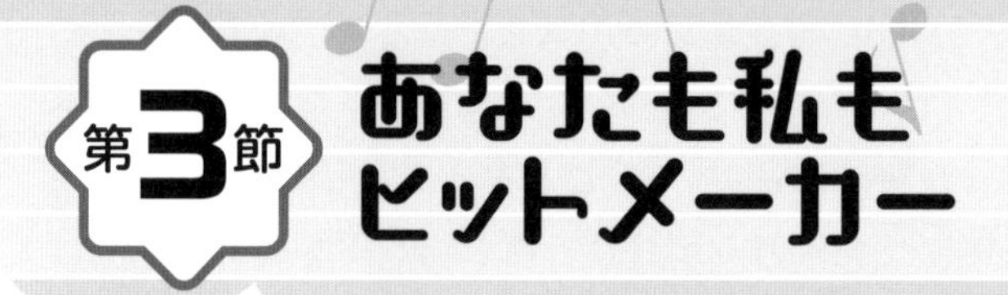

第3節 あなたも私もヒットメーカー

音楽づくり・創作×小学校高学年・中学校向き

1　時代を超えたヒット曲・名曲の仕組み「カノン進行」

（1）カノン進行とは

カノン進行は、以下のようなコード進行、言い換えれば和音の流れのことです。

ヨハン・パッヘルベル作曲の『３つのヴァイオリンと通奏低音のためのカノンとジーグ ニ長調』第１曲、通称「パッヘルベルのカノン」に用いられていることから「カノン進行」の名がつきました。

（2）カノン進行でつくられたヒット曲たち

この曲と一致する、またはその一部を変更したコード進行が、J-POP のヒット曲にも数多く用いられています。例えば『クリスマス・イブ』（山下達郎作詞・作曲）、『翼をください』（山上路夫作詞・村井邦彦作曲）『負けないで』（坂井泉水他作詞・作曲）、『Grateful Days』（降谷建志他作詞・作曲）、『勇気100%』（松井五郎作詞・馬飼野康二作曲）『千の風になって』（新井満作詞・作曲）など、挙げればキリがないほどです。

（3）子どもたちにとって魅力ある音楽づくりの活動を

メジャー・コードという比較的明るい響きの和音と、マイナー・コードという比較的暗い響きの和音がバランスよく出てくるカノン進行は、洋の東西を超え、時代を超えて、多くの人の心を捉えてきました。本節ではそんなカノン進行を生かした旋律づくりのプランを紹介します。子どもたちが知らずしらずのうちに聞きなじんでいるカノン進行を用いることで、「すてきだなあ。」「かっこいいのができたぞ。」と思えるような音楽づくりを目指します。

2　カノン進行の仕組みを生かした旋律づくり

(1) よく知っているうたを通じてカノン進行と出会おう

まずはイントロクイズです。「今からいくつかの曲を聴いてもらいます。タイトルがわかったら手を挙げてくださいね。」と言って、以下の曲の「　」の部分を再生し、1つずつ曲名を答えさせます。

・『勇気100%』のAメロ「がっかりしてめそめそして……君はどこだい」
・『クリスマス・イブ』のAメロ「雨は夜更け過ぎに……Holy night」
・『にじ』のAメロ「にわのシャベルが……くしゃみをひとつ」
・『恋するフォーチュンクッキー』のサビ「恋するフォーチュンクッキー……笑顔を見せること」

子どもたちが、幼稚園や保育所や小学校で、さらにはテレビなどのメディアを通じて、一度は歌ったり、聴いたりしたことのある曲ばかりなので、すぐに答えが挙がるでしょう。

「皆さん、よく知っている曲ばかりでしたね！実はこの4曲の今聴いてもらったところは、ぜーんぶ、同じ和音の流れでできています。全然ちがう曲のようだけれど、すべて、『カノン進行』という和音の流れをもっているんです」と言って、ダウンロード資料のスライドを提示しましょう。

実は…

- 勇気100%
- クリスマス・イブ
- 恋するフォーチュンクッキー
- にじ

全部、同じ和音の流れをつかっている！！

続けて、「その和音の流れが、こちらです。『カノン進行』と呼ばれています」と言って、以下のスライドを表示します。

なお、スライド中のスピーカーのアイコンをクリックすると、４拍のベース音の後、カノン進行の伴奏が２回繰り返されるMIDI音源が再生されます（テンポは♩＝100）。これに合わせて、『恋するフォーチュンクッキー』のサビ、『クリスマス・イブ』のＡメロを歌ってみましょう。さらに、鍵盤ハーモニカやタブレットのキーボード・アプリなどでスライド上の黄色の音を４回ずつ弾き「ドドドドシシシシ…」とビート感のある単音の伴奏をしてみましょう。カノン進行特有の、メジャー・コード（明るい響きの和音）とマイナー・コード（やや暗い印象の響きの和音）が織りなす心地よい流れを味わうことができます。

（3）カノン進行を生かして旋律をつくろう

次のスライドの楽譜は、カノン進行が８小節で完結するように、終わりの２小節を少し変えたものです。子どもたちに「名曲にたくさん使われているカノン進行の和音を使って、みなさんにも作曲してもらいます！」と旋律づくりに取り組むことを提示します。

このスライド上のスピーカーのアイコンをクリックすると、４拍のベース音の後、この楽譜のMIDI音源が流れます（テンポは♩＝75)。この和音の流れに合った曲をつくることを伝えます。

そして、旋律づくりに用いるのが、下のスライドです。これを印刷して、ワークシートとしても活用してください。

□の中に、黄色部分から選んだ音を書き入れて、旋律を完成させることができます。最後の音はドにすると、音楽にまとまりと終わった感じが生まれます。子どもたちには、鍵盤ハーモニカやタブレットのキーボード・アプリで音を出しながら試行錯誤するように声をかけましょう。

できあがったら、伴奏のMIDI音源に合わせて、つくった旋律を弾いてみましょう。スピーカーのアイコンをクリックすると、先ほどと同様、4拍のベース音の後、つくった旋律に合う伴奏が流れます（テンポは♩＝75）。カノン進行の和音の流れを感じながら旋律を演奏することで、自分のつくった旋律の完成度はぐっと高く感じられ、大きな達成感を味わえるはずです。

（4）到達度に応じた探究の方法あれこれ

音楽づくりや創作は、得意な子どもと苦手な子どもの差が大きくなりがちな活動でもあります。

音楽経験の豊富な子どもには、和音の構成音ではない音（非和声音）も旋律のなかに入れてみるよう促しましょう。またつくった旋律を五線譜に記譜させることで、〔共通事項〕のより深い理解につなげられます。さらに、和音構成音を組み合わせて伴奏形をつくったり、演奏するのにふさわしい楽器を検討したりする活動によって、完成度の高い楽曲に仕上げられます。

音楽に苦手意識のある子どもが多い場合には、□の一部をあらかじめ教師が埋めておくとよいでしょう。埋めてある部分を手がかりに、残りの旋律を創作すればよいので、取り組みやすくなるでしょう。

第5章
鑑賞の授業のネタ

第1節 『さんぽ』でおさんぽ

鑑賞×小学校低学年・中学年・高学年向き

1 リトミックを知っていますか

リトミックという言葉を耳にしたことがありますか？リトミックとは、エミール・ジャック・ダルクローズという人が考えた音楽教育の方法です。ダルクローズは、リトミックを通して、身につけることのできる力を二つ示しています。一つは音楽の力をつけることです。もう一つは心や身体を育てることです。

リトミックでは、音楽に合わせて動いたり、音楽を聴いて感じたことを身体の動きで表したりします。「音楽に合わせて歩く、止まる。」「拍にのって歩く。」「拍子に合わせて動作する。」「音高や音量にあわせて動作する。」「音楽をイメージして、身体を動かす。」などの活動があります。さらには、これらを通して身につけた感覚を生かして、即興演奏する活動があります。これらの活動を通して、拍、リズム、フレーズ、音高、音量などさまざまな音楽の力を感覚的に身につけることができます。リズム感や音程感などの感覚は、低学年の時期の方が、早く身につきます。また、抵抗なく身体を動かす活動に取り組むことができます。リトミックを通して、音楽の基礎を感覚的に身につけておけば、学年が上がって、音符や記号、理論を学ぶときにも生きてきます。

また、リトミックでは、音楽を表現するために必要な、心身の調整力、精神的集中力、反応力、反射性、直感力、記憶力などを高めることができるとされています。

講習会などもさまざまに行われていますので、興味がある方は足を運んでみるとよいでしょう。

2　音楽に合わせて歩こう

リトミックを応用した活動です。拍にのって歩きます。「歩く」という行為は、一見とてもシンプルにみえますが、子どもたちのリズム感を育てることができるよい活動です。リズム感がいま一歩の子どもも、友だちのまねをして歩く間に次第にリズム感覚が身につきます。ここでは、低学年向きに『さんぽ』を主な教材とする授業を紹介します。中学年や高学年では、エルガー作曲の『威風堂々』、グリーグ作曲の『ノルウェー舞曲』などテンポの異なる曲、ブラームス作曲の『ハンガリー舞曲第５番』など、テンポの変化の激しい曲などを用いると、速度や拍に意識を向ける楽しい活動ができます。

(1) 拍の流れにのって歩く

まず、子どもたちを、輪にして座らせます。「音楽に合わせて歩きます。どちらが音楽に合っているでしょうか？」と問いかけます。そして、『さんぽ』のCDをかけます。次に、CDにあわせて、教師が２通りの歩き方をみせます。１回目は拍にのって歩きます。２回目は拍に合わせずに歩きます。音楽はタブレットパソコンなどで流してもOKです。

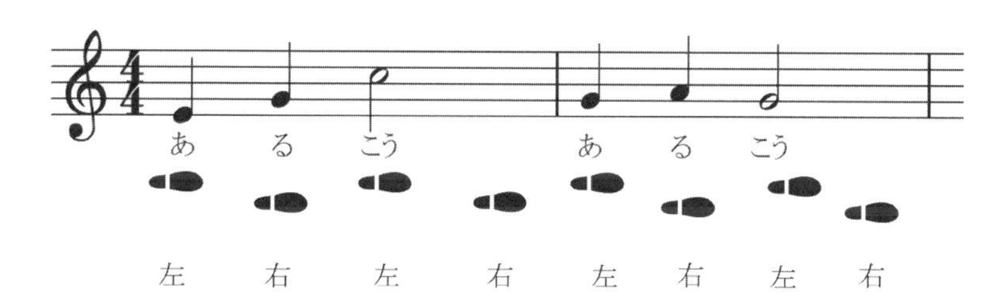

音楽に合っているのは、もちろん１回目です。子どもたちは、「１回目！」と答えるでしょう。「みんな一緒に１回目の歩き方で一緒に歩きましょう。」と声をかけ、全員を立たせます。再びCDを流し、みんなで一緒に歩きます。右図のように、全員同じ方向に歩きましょう。拍にのって歩く感覚が身につきます。

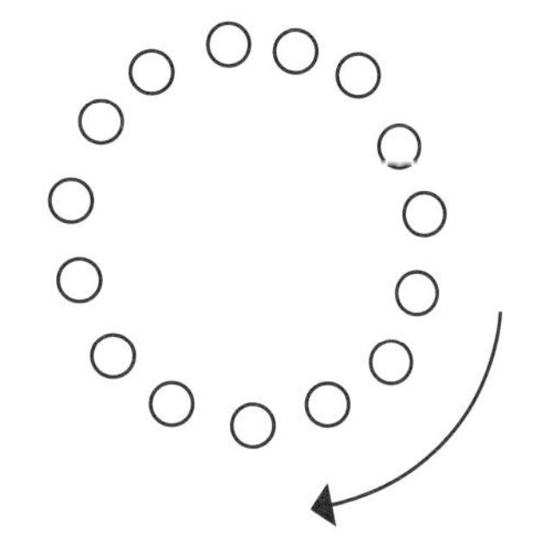

（2）音楽が止まったら動きを止める

「次は音楽が止まったら、そのままのかたちで、ストップしましょう。」と声をかけます。「だるまさんがころんだ」と同じ要領です。音楽が始まったら、再び歩き始めます。教師が手本を見せるとよいでしょう。

『さんぽ』でおさんぽ

〈さんぽでチャレンジ〉

1　おんがくにあわせてあるいてみよう。

2　おんがくがとまったら、そのままのかたちで
　とまりましょう。

最初は、フレーズの終わりで音楽を止めます。「あるこう　あるこう　わたしはげんき」や、「あるくのだいすき　どんどんゆこう」などの区切りです。音楽が止まっている間は、動いてはいけません。リモコンやタブレットなどの一時停止ボタンを押して、３秒ぐらい音楽を止めるとよいでしょう。そして、なにくわぬ顔をして、再び音楽をスタートさせます。できるようになったら、「あるこう」や「わたしは」など、フレーズの途中で音楽を止めます。意外な展開に子どもたちはびっくり。何回か繰り返すことで、音楽をよく聴いて、身体を動かすことができるようになります。

（3）高い音と低い音を聞きわける

『さんぽ』でおさんぽ

〈さんぽでチャレンジ〉

おんがくがとまったときに、

1　たかいおとが きこえたら、とんでみよう。
2　ひくいおとが きこえたら、しゃがんでみよう。

教師はピアノの前に移動し、音楽を止めた瞬間にピアノで高いド、または低いドの音を弾きます。音楽を止めたときに、高い音が聞こえたら跳ぶこと、低い音が聞こえたらしゃがむことを説明します。指１本で弾けますね。最初は、高い音と低い音の区別がつかない子どももいますが、友だちのまねをしているうちに、だんだん聴き分けられるようになってきます。音の高低を聴き分ける感覚が身につきます。

（4）強弱を聴き分ける

次は、強弱の聴き分けです。ここでもリモコンが大活躍します。

『さんぽ』でおさんぽ

〈さんぽでチャレンジ〉

1　おおきなおとが きこえたときは、
　てをおおきくふって あるこう

2　ちいさなおとが きこえたときは、
　てをちいさくふって あるこう

（5）１番の歌詞に合わせ、動きをつけて歩く

今度は『さんぽ』の歌詞に合わせ、動作をつけながら歩きます。『さんぽ』の一番には、「坂道」「トンネル」「くさっぱら」「一本橋」「じゃりみち」「くものす」「くだりみち」が出てきます。場面に合わせて歩き方を工夫します。

「あるこう　あるこう」から「どんどんゆこう」までは、ふつうに歩きます。そして、「坂道」の前で音楽を止め、「坂道はどうやって歩くかな？」とたずねます。ダウンロード資料のスライドを参考にするとイメージが湧きやすくなります。

「うんしょ、うんしょと大きく歩く。」「力を入れて歩く。」などの考えがでるといいですね。子どもの意見を参考に、みんなで動いてみましょう。続けて、「トンネル」「くさっぱら」「一本橋」など、音楽を止めながら歩き方を考えます。トンネルをくぐったり、手を広げて一本橋をわたったりする動作ができるとよいですね。全部考えたら、CD の一番を流します。拍の流れにのったまま、止まらずに動作をつけて歩きましょう。

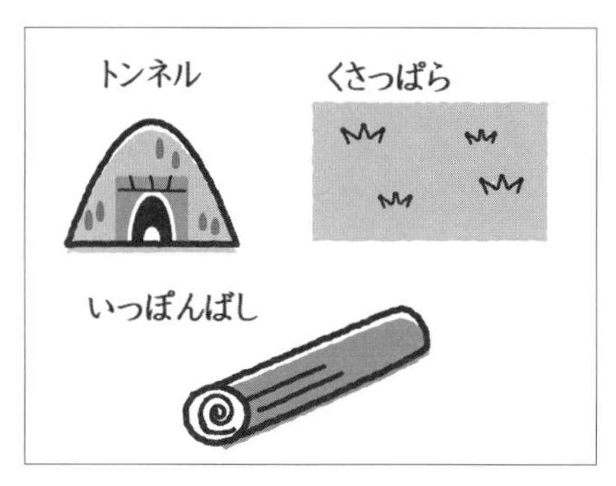

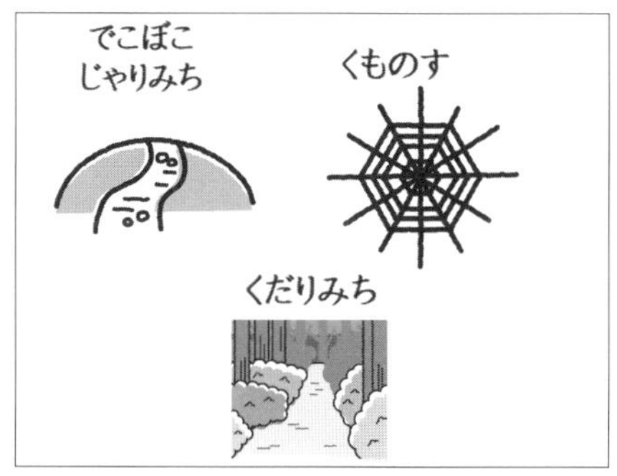

（6）２番と３番の動きを考えて歩く

続いて、２番と３番の歌詞に合う動きを考えさせます。個人でも、また、グループやペアで考えさせても構いません。みつばちや、とかげ、へびなどになりきって歩きます。全員が同じ動きをする必要はありません。自分なりのイメージをふくらませて歩くことが大切です。

（7）ぜーんぶミックス

（1）から（6）までの活動を、さまざまに取り入れてみましょう。音楽を止めたり、高い音や低い音をピアノで入れたり、動作を入れたりしてみましょう。パソコンのソフトやタブレットのアプリを活用して、速度を速くしたり遅くしたりしてもよいでしょう。

第2節 カードでラクラク設計図

鑑賞×小学校中学年・高学年

1　名刺用紙は魔法のアイテム

音楽は耳で聴くものですが、目の力や手の力を借りて、見える化すると、子どもたちに、よりいっそうの理解を促すことができます。その際、役に立つのがカードです。音楽が聴こえた順にカードの並べかえをさせたり、音楽にぴったり合うカードを選ばせたりする活動をすることができます。

ワークシートは一度書き込ませると、消しゴムなどで消さなければやりなおしができません。しかし、カードであれば何度でも並べかえができます。また、書くことが苦手な子どもも、カードの並べかえであれば、意欲的に取り組むということもあるようです。

カードを使った授業は、楽しくわかりやすくできるのですが、準備が大変なのが難点です。1学級に30名の子どもがいるとします。一人5枚のカードを準備しようとすると、それだけで150枚のカードを作らなければなりません。なかなか一歩を踏み出せないという方も多いのではないでしょうか。

そこで、簡単にカードがつくれる魔法のアイテムを紹介しましょう、市販の名刺用紙です。マルチカードなどの名前で販売されていることもあります。名刺用紙は、A4のシート1枚につき、10枚の名刺が印刷できます。1枚ずつ切り離せるようになっていますので、ハサミやカッターを使わずに、同じサイズのカードをつくることができます。また、Word や Excel の差し込み文書機能を活用し、サイズを合わせて印刷すればラクラクです。印刷したシートをそのまま配布し、子どもたち自身に手で切らせて、使うこともできますね。名刺用紙は適度な厚さがありますので、ラミネートなどをする必要もありません。書き込みをさせることもできます。音楽だけでなく、他教科でも役立つとても便利なアイテムです。

　また、これらの授業はタブレットパソコンでも可能です。画面上で図などを並べかえることができるアプリを活用するとよいでしょう。

2 『ファランドール』の設計図をつくろう

　『組曲アルルの女』より『ファランドール』(作曲：ビゼー) を教材とする授業です。『ファランドール』には、「三人の王の行進」と「馬のダンス」の２つの旋律があります。カードを並べながら音楽を聴くことで、２つの旋律のかけ合いや、重なり合いなどの、音楽の仕組みを視覚的に確認させることができます。事前に馬カードと、三人の王の行進カードを４枚ずつ準備しておきましょう。

(1) 導入

　二択クイズからはじめます。「王の行進」と「馬のダンス」、二つの旋律を聴かせ、タイトルを考えさせます。

　「馬のダンス」と「三人の王の行進」の旋律は、フランスの民謡が原曲です。可能であれば、フランス民謡の音源を聴かせましょう。教科書添付の指導用CDなどに、収録されていることもあります。見つからないときは、『ファ

ランドール』の一部を抽出して聴かせます。そして、それぞれになぜ「馬のダンス」だと思ったのか、「三人の王の行進」だと思ったのかを発表させます。実際に行進をさせてみてもよいですね。歩きやすい方の音楽が行進ということになります。

（2）「馬のダンス」の旋律と「三人の王の行進」の旋律を聴き分ける

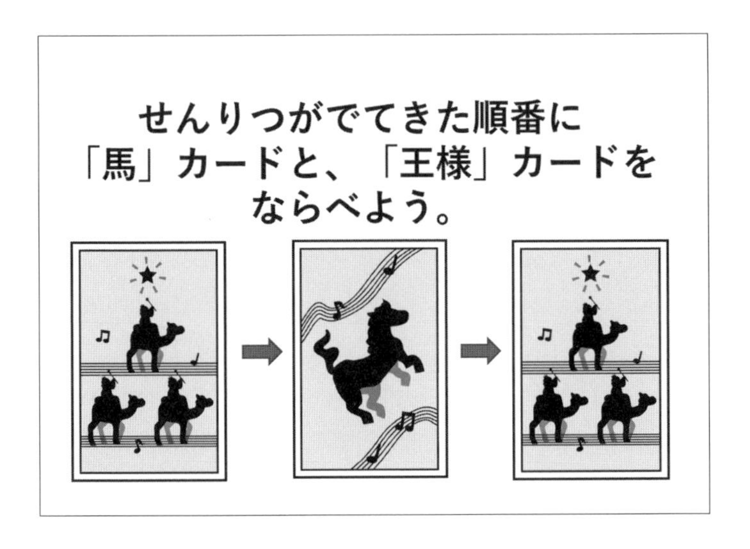

教師は次のように話します。

今からビゼーという人がつくった『ファランドール』という曲を聴きます。『ファランドール』には、「馬のダンス」と「三人の王の行進」の旋律が次々に出てきます。今日は、この曲の設計図を、カードでつくります。それぞれの旋律が出てきた順番に馬カードと王様カードを並べかえましょう。

そして、馬カードと王様カードを配ります。このとき、配るのは馬カード４枚と王様カード４枚です。Ａ４シートのまま配布して、子どもたちに切り取らせてもよいでしょう。準備ができたら『ファランドール』を流します。３回ぐらい繰り返して聴かせるとよいでしょう。正解は次のとおりです。

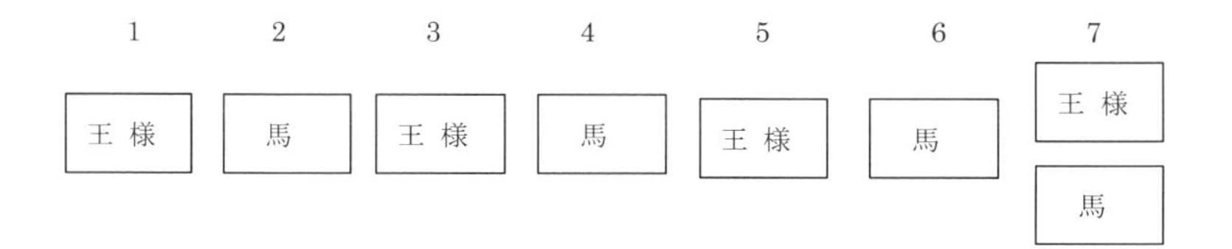

子どもたちがカードを並べ終わったら、答え合わせをします。教師は大きなカードを準備しておき、音楽を止めながら黒板に１枚ずつ貼っていきます。子どもと話し合いながら、正解をつくってください。７つめの場面では「三人の王の行進」の旋律と「馬のダンス」の旋律が重なり合っていることに気づかせてください。

（4）「三人の王の行進」をみつける

ここで、王様カードが１枚だけ残っていることに着目させます。そして、もう１枚をどこに貼るか、考えさせます。

正解は、１の後半です。下図のようになります。

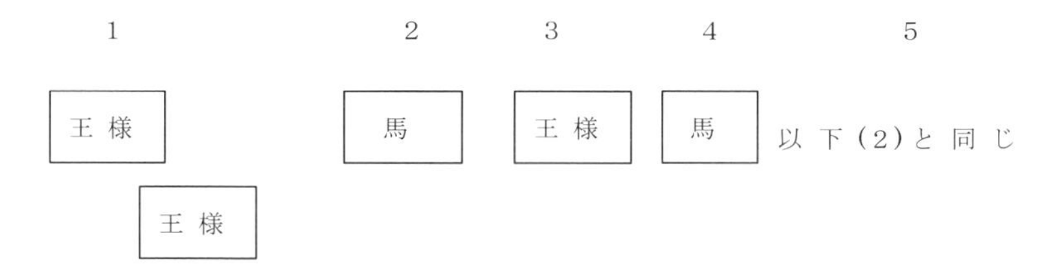

（２）または（３）の活動のときに、（４）に気がつく子どもがいるかもしれません。そのときは、（４）の活動を同時に行っても構いません。

（5）好きな部分をみつけよう

設計図を見ながら、全体を通して聴きます。そして、７つの場面のなかで、どれが一番好きかを考えさせ、その理由を書かせます。

子どもに余力がある場合は、７つの場面それぞれについて、気がついたことなどを書かせるとよいでしょう。カードの裏に、演奏する楽器の名前や音の重なり、テンポ、また、どのような感じがするかなどを書き込ませると、より詳細な設計図をつくることができます。子どもの実態に合わせてお試しください。最後のまとめでは、「ビゼーはなぜこのような順番にしたのか。」を考えさせるとよいでしょう。

第3節 鑑賞が楽しくなる「場」

鑑賞×小学校高学年・中学校向き

1　なぜ鑑賞教育が必要なのか

CD が音楽を聴く手段だったころ、日本はアメリカに次いで、世界中の音楽を聴くことができる国でした。それでも CD の大型ショップがある地域とそうでない地域とでは、その入手に格差がありました。しかし、今はインターネットが発達し、多様な音楽コンテンツをネットからいつでもどこでも入手できるようになりました。よって、ショップがないからいい授業ができない……、という理由は成り立ちません。音楽を担当する教師になったら、授業に関連する音楽や授業のネタになりそうな音源に、常にインターネットを通してアンテナを張っていたいものです。

ところで、誰もがいつでもどこでもさまざまな音楽を聴くことのできる時代、なぜ音楽科教育の場で「鑑賞」をする必要があるのでしょうか。このことについて再考しておきましょう。

(1) 他者の意見を知る

教室における鑑賞学習では、当然、複数の子どもたちが同じ音楽を聴くことになります。しかし、同じ音楽を聴いても、その音楽からの受け取り方は人によって異なります。

「へえ、私はこの音楽からこんな感じを受けたけど、そうかあ、あの人はそんなふうに感じたんだ。」、「なるほど、この音楽からそんなことを考えたんだ。」など。同じ音楽を聴いても、自分とは違う他者の音楽に対する感じ方や考え方に触れることができるのが、教室という場の鑑賞学習の大きな存在意義です。

（2）鑑賞は「音育」の場

私たちは「食育」という言葉を知っています。食育とはさまざまな食の経験を通して、食に関する知識とバランスのよい食を選択する力を身につけ、健全な食生活を実践できる力を育むことです。この「食育」の「食」を「音」に置き換えて、もう一度読んでもらうと「音育」という意味が理解できるはずです。

ただ自分の好きな音楽だけを聴くのではなく、古今東西の音楽を知り、その音楽がもつ社会的・文化的な背景の理解や、その音楽の構造について知り、また先に述べたように、同じ音楽を聴いても違う人の受け取り方を知ることは、その人の後の人生の「音楽を聴く」という行為を豊かなものにします。

もちろん古今東西の音楽すべてを、音楽の授業という限られた時間で聴くことは、不可能です。古今東西の音楽を理解するためダイジェストが、教科書に示された鑑賞曲です。教科書に示された鑑賞曲をそのように解釈すれば、学習指導の準備の際、それら鑑賞曲の教材としての意義を知ることになるでしょう。

（3）文化伝承の「場」

（2）とも関連しますが、鑑賞教育の場で扱う音楽は、過去の各時代の人々が、「よいもの」「素晴らしい曲」と認め、次の世代に、さらに現在に伝えてきた曲です。

それら過去の人々が認めた音楽を授業で扱うことは、今度は、私たちがその曲を未来に引き渡すための「伝承の場」を提供しているということになります。また「伝承の場」そのものが、未来への「伝承者」を育てている行為なのです。そう考えると、鑑賞教育という場の重要性が理解できるはずです。

（4）表現活動の質的向上へ

鑑賞活動は、授業における音楽の表現活動に直接的に寄与します。独唱や器楽学習などの模範となる演奏を聴くことで、演奏のイメージや表現目標を明確にできます。もちろん、これまで聴いた音楽が音楽づくりの参考になります。

このように鑑賞指導によって育まれた「音楽を聴く」という力は、歌唱・器楽・音楽づくりの表現活動の学習活動の場でも発揮できるはずです。逆の言い方をすれば、鑑賞と表現が切り離された鑑賞活動であってはなりません。いわゆる「鑑賞と表現の一体化」という指導の視点が重要になるのです。

2　審査員になりきって聴こう

鑑賞活動を通して、①音楽を聴く耳を育てる　②鑑賞で得た「聴く耳」を表現活動で生かせるようにするには、子どもたちに、次の指導が重要になります。

一つは「その音楽から何を聴き取ればよいのか」を子どもたちに明確に示すことです。聴き取るポイントとして、旋律、リズム、テンポ、強弱、音色などのその「音楽を形づくっている諸要素」、また、曲の雰囲気や情景、演奏の特徴などのその「曲の表現性」が挙げられます。

それら諸要素や表現を、子どもたちが傾聴するためには、「聴くことに集中する場」をどのように設定するかがポイントになります。

ここでは、子どもたちを「審査員という立場」に置くことで、合唱曲を聴くことに集中させようとする事例を紹介します。

『花は咲く』を取り上げましたが、２曲は、これから授業で扱う曲でも、すでに扱った曲でもよいでしょう。もちろん「鑑賞教材」の曲でも構いません。２曲はできるだけ表現が異なるものを選びます。もちろん２曲にこだわることなく、３曲でも４曲でもよいのですが、最初は２曲程度にとどめ、こういった方法に慣れてから曲数を増やすとよいでしょう。

また、本実践では、いわゆる児童合唱団のものと、ポップス系の歌手のものを想定しました。しかし、扱う曲は「男声だけ女声だけの演奏」「混声の演奏」「ゆっくり演奏しているものと早い演奏」「ピアノ伴奏とアンサンブル伴奏」「クラシック歌手による演奏とジャズ歌手による演奏」など、音楽の対比が明確になっているものであれば、なんでも構いません。同じ曲で異なる演奏というのがポイントです。インターネットで検索すれば、候補曲となるものが多く見つかります。

(1) 導入

『花は咲く』　作詞：岩井俊二　作曲：菅野よう子

A　児童合唱団

B　ポップス歌手

どちらかを、演奏会に
推薦してください。

「今度、○○市で行われる演奏会に、二つの演奏のどちらかを推薦することになりました。子ども代表としての○○小学校○年生の意見がほしいと依頼がありました。みなさんが審査員です。」と子どもたちに話します。

突然の依頼に子どもたちは大喜び。まずは、区切りのよいところまで音楽を聴かせ、どちらがいいかを一人ひとりの子どもに考えさせます。そして、どちらを選んだか挙手で確認します。

(2) 理由を考える

「主催の○○市に、審査結果と理由を伝えなければいけません。理由を考え、グループでまとめてください。」と子どもたちに伝え、再度、音楽を流します。

審査した理由を書こう

歌のポイント

・声の出し方は？
・言葉ははっきり聞こえていたか
・声と伴奏のバランスは？
・ブレス（息）の取り方は？
・その他

審査した理由を書こう

表現のポイント

・強弱のつけかたはどちらがいいか？
・リズムは、はっきりしていたか？
・メロディーは聞き取れたか？
・歌に伴奏があっていたか？
・その他

事前に準備したワークシートを配布し、「これらの項目から説明できるようにしましょう。」と指示をします。最初は個人で記入し、次にグループでまとめます。グループで意見が割れている場合も、話し合いでどちらがよいか考えさせます。

観　点	Aのコメント	Bのコメント
歌について ・声の出し方は？ ・言葉ははっきり聞こえていたか ・声のバランスは？ ・ブレス（息）の取り方は？ 他		
表現について ・強弱は？ ・リズムは？ ・旋律は聴き取れたか？ ・伴奏が合っているか 他		
審査員からのアドバイス他 思ったことを記入する		

上図では、「歌について」のところで、４つのポイントを入れていますが、一つだけの設問にしても問題ありません。また、音楽の構造や表現力にかかわる項目を足しても問題ありません。子どもたちが記入するのが難しい場合は、下のようにたずねるとよいでしょう。

①強弱のつけ方はどちらがよかったか（好きか)。

②歌詞の発音はどちらがよかったか（好きか)。

③テンポはどちらがよかったか（好きか)。

（3）グループの意見をクラスで交流する

各グループに発表させ、クラスの意見をまとめましょう。途中で曲を流しながら、評価のポイントを確認しましょう。

この実践は、子どもたちに「正しい答え」を求めるものではありません。次の点を考えることができていればよいのです。

・子どもたちがこの音楽を形づくっているなにか（ポイントに示した点）に

気づく。

・自分はどういった表現が好きなのかに気づく。

・自分はこのように感じたのに、他の人（グループ）では、どのように感じ、考えたのかを知る。また、なぜそのように感じ、考えたのかを知る。

3　場の設定と比較聴取

本事例では、子どもたちが傾聴するように、「審査員」という立場を設定しました。しかし別に審査員でなくてもかまいません。例えば「あなたは名プロデューサー」ということで、これからデビューする人の演奏を聴くという立場の設定も可能です。

節末に著者が学生たちの鑑賞指導に使ったプリントを添付しますので参考にしてください。

4　中学校での応用

中学校では、鑑賞教材として『魔王』が扱われます。『魔王』の演奏も多種多様です。インターネットなどで調べればわかりますが、一般によく聴く「ピアノとドイツ語独唱」のほかに、「ピアノ一台だけの演奏」「ヴァイオリン一挺の演奏」「魔王、子ども、父親等の役割が声部で歌い分けられている演奏」「フランス語による演奏」「ジャズ風の演奏」「オーケストラ伴奏による演奏」等々です。そういったものを「名プロデューサー」という立場で比較聴取するとよいでしょう。『魔王』の表現の広さを学習することが可能です。

〈参考資料〉

解説：あなたはレコード会社の敏腕プロデューサーです。いままで多くの歌手を育て、大歌手に育てました。このたび、会社から４人の新人を与えられ、この中から一人を大歌手に育てなければならない仕事が与えられました。全員に『魔王』を歌ってもらいます。４人の新人のうち、だれを選びますか？その理由についても述べてください。

①歌唱力	
②将来性	
③どのような曲種でデビューさせるか	
④アピールコピー	
⑤芸名	

第6章

日本の音楽の授業のネタ

第1節 わらべうたで遊ぼう

日本の音楽×小学校低学年・中学年向き

1　わらべうたは遊び歌？

皆さんは子どものころに、一度は『なべなべそこぬけ』や『はないちもんめ』など、わらべうたを歌って遊んだことがあるでしょう。以前は近所の子どもが戸外で集まって、年上の子どもの見よう見まねで遊んだわらべうた遊びですが、最近は見かけることも少なくなりました。わらべうた遊びは、うたと共に他者と身体的なタイミングを合わせることで、自然と協調性や社会性を育むことができます。

わらべうたにはどのような特徴があるのか、次の４点を挙げます。

・子どもが生活の中で遊びを伴いながら歌う自然発生的なうたです。
・作詞者や作曲者はおらず、口伝です。
・子ども（親）から子どもに、遊びながら伝承されてきたものです。
・言葉、遊び方、旋律が地方により変化しています。

つまり、わらべうたとは誰が遊びだしたかはわからないものの、遊びにうたがつき、人を介して受け継がれていく中で変化する遊び歌なのです。

わらべうた遊びを通して、日本の音楽の特徴（旋律やリズム）を身体で感じながら習得していきましょう。そして、授業以外の休み時間やスキマ時間にわらべうた遊びに親しむ機会を設け、日本ならではの音楽に関心をもちましょう。

2　遊び方を変化させ楽しむ『あんたがたどこさ』

『あんたがたどこさ』は、手まり歌の一つとしてよく知られているわらべうたです。幼い頃に「あんたがたどこさ」と歌いながらボールを突いて、股の下をくぐらせる遊びをしたことがある人もいると思います。この歌のポイントは、歌詞に「さ」という言葉がたくさん出てくる点です。この「さ」を使ってさまざまな遊びができるので、ちょっとしたスキマ時間に１つずつ楽しんでもいいですね。ダウンロード資料には、アニメーションや音源がついています。

(1) グニャグニャ行進ゲーム

ここでは、子どもが自由に動けるように椅子を円形に並べるか、床に円形に座ります。

1) 手拍子に合わせて行進

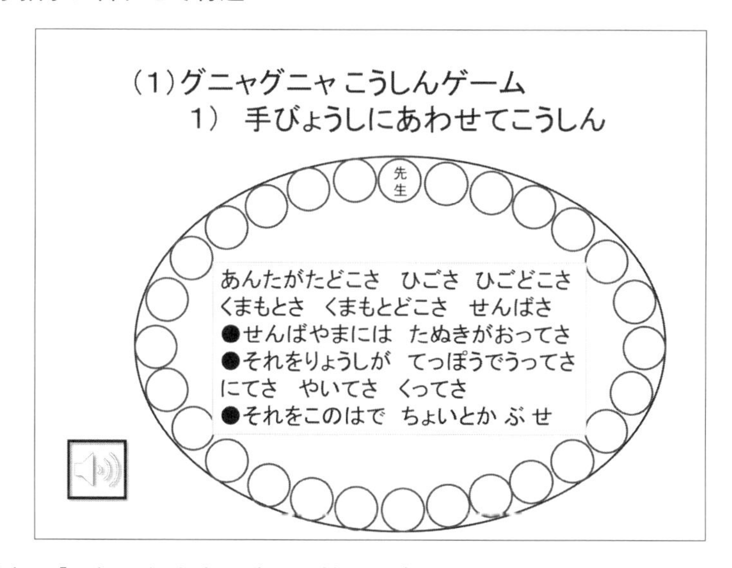

①教師は「これから先生の歌と手拍子に合わせて自由に歩きます。円の中ならどこを歩いても構いません。うたが終わったらその場でストップします。」と声かけします。教師は立って『あんたがたどこさ』を歌いながら、次の例１のように歌詞の◯部分で手拍子をします。できれば、その場で足

踏みもします。

②子どもは手拍子に合わせて好きな場所を自由に歩き、歌が終わったら止まります。「歩くときに友だちとぶつからないようにね」と声かけしておきます。

例１「Ⓐんた㋕たⒹこⓈ　Ⓗごⓢ　Ⓗご㋖こⓢ　Ⓚま㋱と㋚…」

2）「かくせ」で着席！

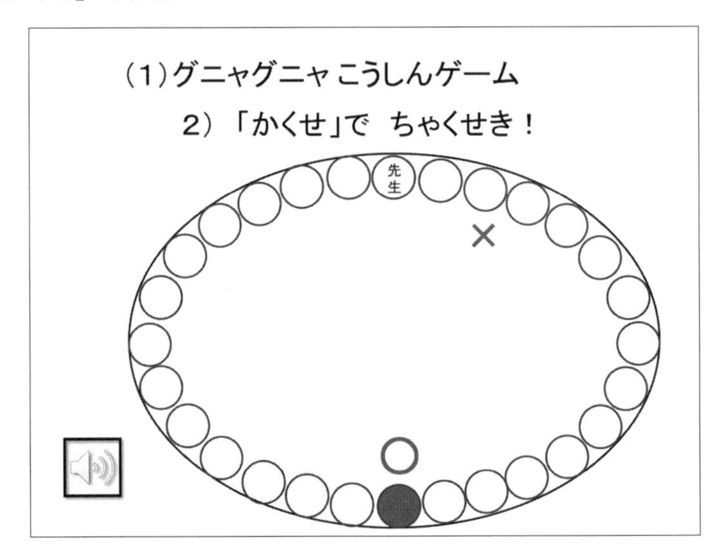

①このゲームは、歌詞最後の「かくせ」の「せ」の部分で自分の席に戻ってくるゲームです。子どもたちはうたに合わせて好きな場所をそれぞれ自由に歩き回り、自分の席に戻ります。

②子どもは、「うたがもうすぐ終わるなあ」と意識しながら歩き方を調節します。

③子どもは最後焦って大股で戻って来たり、心配して自分の席から近い所しか動けなかったりする場合もあると思いますが、それも楽しんでください。

この活動は、10人程度の子どもが動き、他の子どもは歌ったり手拍子などで応援したりすると、スムーズに進められます。リズム感も身につきます。

（2）「さ」で手打ちゲーム

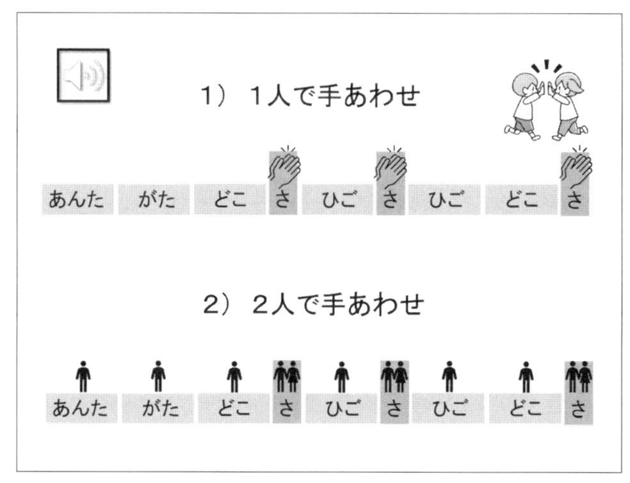

歌詞の「さ」で手を合わせる遊びです。「さ」が出てくる場所を察知するゲームを通して、歌詞を覚えます。わらべうた遊びを通して日本語のもつリズムやフレーズのまとまりを身体で感じとりましょう。

1）1人で手打ち

①教師は「先生が『あんたがたどこさ』を歌いながら手を打ちます。どこで手を打っているか、よく聴いてみてね。」と声をかけます。教師は「さ」の歌詞の時だけ手を打ちながら、ゆっくり歌ってください。

②歌い終わったら、「どこで手を打ったかわかったかな？」と問いかけます。

子どもは、言葉の最後の「さ」の部分だけだと答えるでしょう。

③「みんなも『さ』のところだけ手を打てる？」と声をかけ、いっしょにやってみます。教師がゆっくり歌って大きく手を動かすと、手を打つタイミングが合うようになります。

すでにうたを知っている子どもや、だんだん覚えてきた子どもは自然と声が出てきますが、まずは「さ」部分で息を合わせて手合わせすることを楽しみましょう。手を打たないところで手を打つ音が聞こえることもありますが、それも面白いですし、「次は絶対みんなで合わせよう」と思うでしょう。

2）2人で手合わせ

2人が向かい合わせになり、手合わせします。うたに合わせて手を打ちながら、「さ」の時だけお互いの両手を合わせます。タイミングよく手を合わせられるように、歌いながら手合わせしましょう。また、他にもどのような手合わせができるか、みんなで考えましょう。

(3)「さ」を言わないゲーム

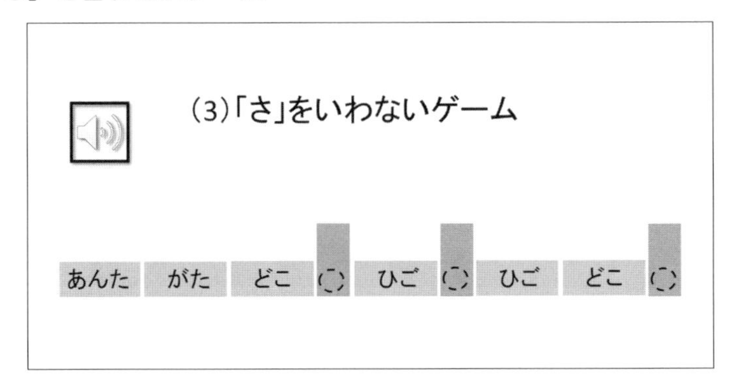

音がない間を楽しむ遊びです。「『さ』だけ言わずに歌えるかな？」と問いかけます。一見簡単そうですが、「さ」を言わないように意識しなければ、大人でも混乱します。子どもは、集中して歌おうとするでしょう。

音楽には休符という休みの間があります。音のない間も息を合わせることが大事であるということを学びましょう。

（4）出したり引いたりゲーム

右手を左右に動かしながら、「さ」のところで前に出したり引いたりするゲームです。難易度は少し高めですが、成功すると達成感が得られるので、ぜひ挑戦してみてください。

1） 1人で挑戦

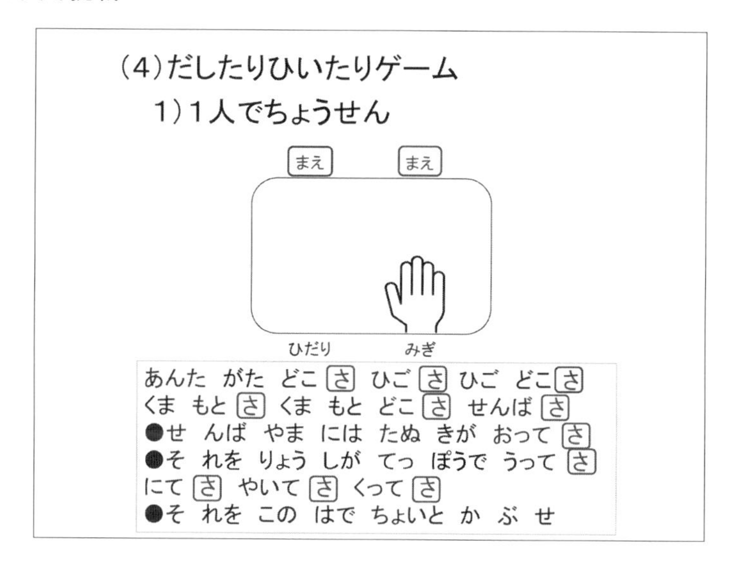

①机（椅子や床）の上に右手を出し、歌に合わせて次のように手を右→左と動かします。そして、「さ」の言葉の時だけ前に手を出し、次の言葉で手前に戻します。

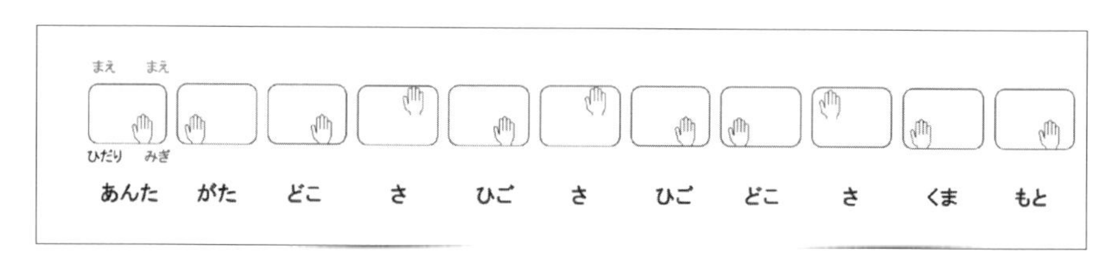

②手の動かし方はダウンロード資料のスライドのアニメーションでも見ることができます。子どもと一緒に歌いながら手を動かします。最後「かくせ」の「せ」が左の場所で終われたら成功です！　ゆっくりで構わないので、止まらず続けましょう。

2） 2人で挑戦（難易度高め）

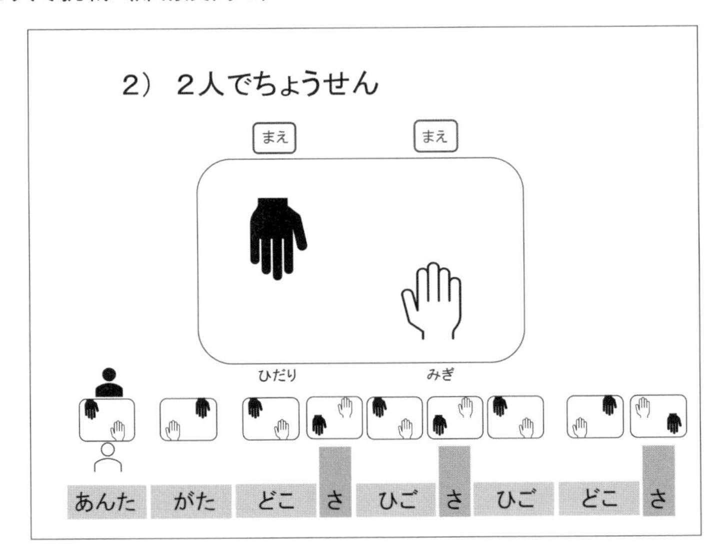

①2人が向き合って歌いながら出したり引いたりゲームをしましょう。手の動かし方は1人の時と同じですが、あら不思議！ 2人で挑戦すると、手が入れ違いになって重なることがないのです。もし2人の手が当たったなら、どちらかの手の動かし方が違うということです。ぜひ、互いの呼吸を合わせて成功させましょう。

②発展版として、手の動きを足でのジャンプに変えてやってみましょう。2人の体がぶつからないよう気をつけてください。これができたら大成功！

今回紹介した遊びは、できるようになったら速くすると、よりおもしろくなります。

『あんたがたどこさ』は、言葉のフレーズの最後に「さ」がつきます。これがリズムにのって歌いやすいという特徴を生み出しています。一つのうたでもいろいろな遊び方を通して、体で拍やリズムを感じながら日本のうたを楽しみましょう。

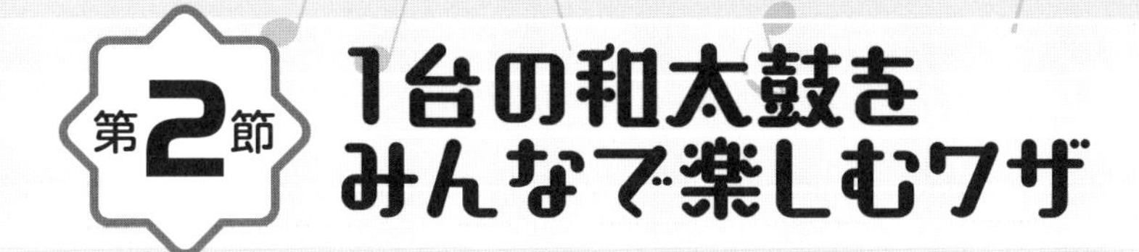

第2節 1台の和太鼓をみんなで楽しむワザ

日本の音楽×小学校中学年・高学年向き

1　海外でも日本の和太鼓は大人気

子どもたちが、一番よく知っている和楽器はなんでしょうか。箏や尺八、三味線などは、確かに有名ですが、見たことがないという子どもも多いように思います。一方で、和太鼓を知らないという子どもは、ほとんどいません。神社の境内には、たいてい宮太鼓とよばれる太鼓が置いてあります。やぐらの上の太鼓を叩いている盆踊りの光景もおなじみです。また、お祭りで見かけたり、運動会で演奏したり……。そして、何よりも子どもたちに親しまれているのは、「太鼓の達人」ゲームでしょう。ゲームコーナーに置いてある「太鼓の達人」ゲームは、和太鼓をイメージしてつくられていますね。ゲームコーナーの太鼓は本物ではありませんが、和太鼓は最も身近な和楽器だといえそうです。

また、海外でも和太鼓の演奏は人気があります。「太鼓芸能集団 鼓童」や、「DRUM TAO」などは、国内、国外をとわず大活躍している太鼓グループです。また、地域の和太鼓チームなどで、大人顔負けのバチさばきで演奏している子どもの姿をみかけることもあります。

ところで、このように複数の太鼓を組み合わせたスタイルのことを組太鼓といいます。和太鼓が組太鼓スタイルで演奏されるようになったのは1950年代以降のことです。鬼太鼓座、大江戸助六太鼓、御諏訪太鼓、みやらび太鼓などは、いずれも戦後に創作された組太鼓です。組太鼓は日本の伝統のうえに、生み出された新たな日本文化だと言えます。

私たちは、ついつい伝統文化を守るべきものと考えてしまいがちです。しかし、文化は守るだけでなく、発展させることで新たな文化が生み出されます。日本の伝統文化を扱う授業では、「変わるものは何か」「変わらないものは何か」「変えてはいけないものは何か」に目を向け、未来の日本文化を担う子どもたちを育てたいものです。

 2　和太鼓セッションを楽しもう

ここでは、和太鼓の両面打ちにチャレンジします。和太鼓では、同じリズムを繰り返す「地打ち」と、さまざまなリズムを演奏する「表打ち」とを組み合わせた演奏が、よく行われます。「地打ち」には伴奏の役割があります。「表打ち」は、旋律の役割があります。ここでは、1台の和太鼓（鋲打太鼓）の両面を打つ設定で、セッションを楽しむ事例をご紹介します。実践のポイントは、バチは多めに準備することです。太鼓1台につき、3組（6本）ぐらいあるとよいでしょう。和太鼓をきっかけとして、日本の音楽に子どもたちが興味をもつといいですね。

(1) まねっこ遊びからリズム回し　ショートバージョン

①リズムのまねっこ遊び

教師は「先生のまねをしてね。」と声をかけます。教師は4拍子の拍の流れにのって手を打ち、まねをさせます。「ハイ」は声に出します。

タ ン　　タ ン　　タ ン　　ハ イ

教師　　　：タン　タン　タン　「ハイ」
子どもたち：タン　タン　タン　「ハイ」
教師　　　：タン　ウン　タン　「ハイ」
子どもたち：タン　ウン　タン　「ハイ」

その他、次のようなリズムが考えられます。

できるようになったら、子どもをリーダーにします。一人ずつ順番に、リーダー役を回しましょう。

Aさん：タタ　タン　タン　「ハイ」
全員　：タタ　タン　タン　「ハイ」
Bさん：タタ　タタ　タン　「ハイ」
全員　：タタ　タタ　タン　「ハイ」

このとき、教師は和太鼓で「ドン ドン ドン ドン」と拍を打ちます。子どもたちが考えたリズムを拍の流れにのせるためです。子どもたちの手拍子が聞こえるように、やさしく小さな音で打ちましょう。

②リズム回し

次は、一人ずつ順番に手を打ちます。４拍目には、「ハイ」の言葉を入れることを忘れずに。ここでも教師は拍を打ちましょう。

Aさん：タン　タン　タン　「ハイ」
Bさん：タン　タタ　タン　「ハイ」
Cさん：タタン　タ　タン　「ハイ」

③机を打ってリズム回し

最後は、机を打ってリズム回しをします。要領は②と同じです。右手、左手、さらには両手で同時に打つこともできますので、バリエーションが増えます。

（2）まねっこ遊びからリズム回し　ロングバージョン

（1）と同じ要領で進めます。２小節分のリズムをつくります。次のようなリズムが考えられます。

（3）和太鼓にチャレンジ

ここから和太鼓。子どもは一人ずつ順番にリズム回しをします。これが表打ちです。教師は、反対側で拍を打ちます。こちらが地打ちです。教師と子どもによる太鼓の両面打ちです。

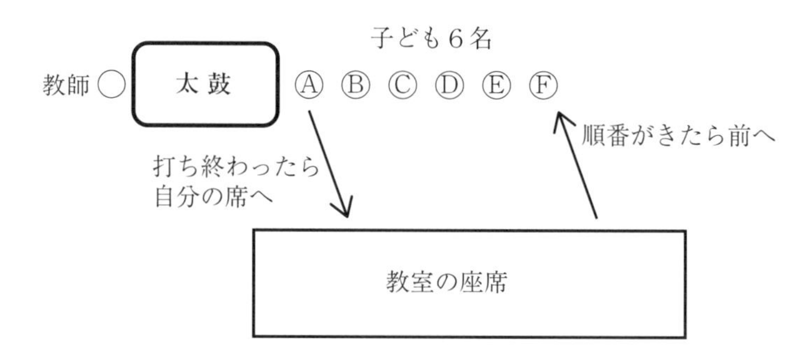

①太鼓の片面側に子ども６人を並ばせます。

②Ａさん、Ｂさん、Ｃさんの３人にバチを渡します。

③教師は拍を打ちます。Ａさんは、（２）で考えたリズムを打ちます。

④Ａさんは、打ち終わったら「ハイ」の間に大急ぎでＢさんに場所をゆずります。続けて、Ｂさんが太鼓を打ちます。拍の流れにのって、間が空かないように打つのがポイントです。Ｂさんはバチをもっていますので、場所さえ交代できれば、拍の流れにのって打つことができます。

⑤Ｂさんが打っている間に、ＡさんはＤさんにバチを渡して、自分の座席に戻ります。

⑥Bさんは、打ち終わったらCさんと交代します。BさんはEさんにバチを渡して、自分の座席に戻ります。

これの繰り返しです。最初に、子どもを実際に並ばせ、動きだけを確認させましょう。太鼓は、フチを打っても、両方のバチで同時に打っても構いません。「太鼓の達人」などゲームの経験のある子どもが手本となって、リズムのパターンが増えるでしょう。座席で待っている子どもには、机を小さく打って練習をすることを指示しておきましょう。

(4) 子どもだけで両面打ち

続いて子どもたちによる両面打ちです。地打ち、表打ち、どちらも子どもが打ちます。地打ちも④⑤⑥と同じ要領で、交代しながら打つように指示します。順番待ちで退屈することなく、和太鼓を楽しむことができます。

(5) まとめ

授業の最後に、和太鼓の両面打ちで有名な東京都八丈町の「八丈太鼓」や、福岡県北九州市の「小倉祇園太鼓」の映像を見せるとよいでしょう。

(6) 発展

小学校高学年や中学生では、地打ちを少し難しくするとよいでしょう。次のようなリズムが考えられます。これは八大太鼓の地打ち（裏打ち）でもあります。

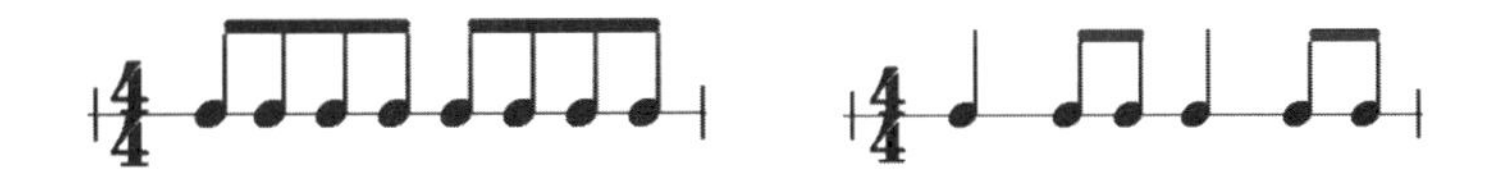

第3節　The 日本民謡ベスト3

日本の音楽×小学校高学年・中学校向き

1　アイドルソングだった日本民謡

現在の音楽科では、日本民謡は伝統音楽というイメージが強いと思います。しかし、日本民謡にはもう一つの顔があります。それは、大衆音楽という顔です。昭和20年代、30年代の日本の音楽シーンでは、民謡が大流行していました。みなさんは、集英社の『Myojo』をご存じでしょうか。たくさんのアイドル歌手が表紙をかざっている雑誌です。『Myojo』、かつては『明星』とよばれ、平凡社の『平凡』という雑誌とならんで、一世を風靡していました。昭和20年代から30年代の『明星』や『平凡』の付録をみてみましょう。さまざまな民謡集が付録としてつけられています。『オール民謡500曲集』『決定版　日本民謡全集150』などの冊子です。民謡がアイドル雑誌に掲載されていたなんてびっくりですね。アイドル歌手と各地の日本民謡が掲載された民謡集、現在ではなかなか考えられません。当時、日本民謡は、ラジオやテレビでも人気の番組でした。また、人々の好きな音楽ジャンルでも、日本民謡は常に上位を占めていました。

しかし、時代の変化とともに、人々の好みは大きく変化しました。現在のオリコンやビルボードのチャートに日本民謡が入ることは、ほとんどありません。テレビ番組でみかけることも少なくなりました。2014年に行った調査では、多くの若者が『ソーラン節』以外の民謡を、ほとんど知らないことが明らかになりました。『ソーラン節』は、「運動会で踊ったから知っている。」だけのようです。日本民謡そのものに親しむ機会は少なくなっていることがわかります。時の流れとはいえ、ちょっぴり淋しい気がしますね。

2　日本民謡に親しもう

ここでは、教科書に掲載されている日本地図を活用し、日本民謡に親しむ授業をご紹介します。タブレットパソコンを使って、お気に入りの民謡をみつけましょう。

(1) 導入

アメリカの学校に勤める友人から相談のメールが届いたという設定で、授業を始めます。

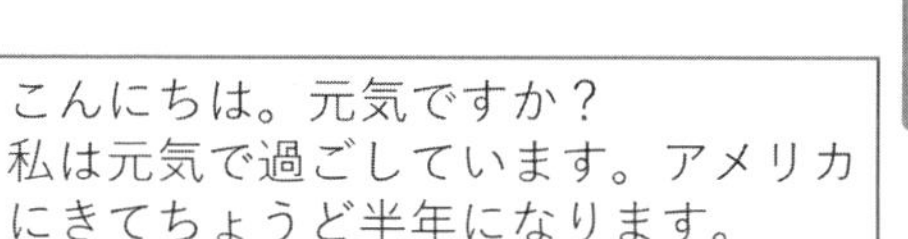

こんにちは。元気ですか？
私は元気で過ごしています。アメリカにきてちょうど半年になります。

相談です。今、私は日本民謡の授業を計画しています。外国の子どもたちに、どのような曲をきかせたら、興味をもってきいてくれると思いますか。日本各地の民謡から3曲ぐらい教えてください。

ここでは、アメリカとしていますが、どこの国でも構いません。実際に海外の日本人学校などに知人がいる場合は、その友人から手紙が届いたことにしてもいいでしょう。具体的であればあるほど、リアリティが増します。また、子どもたちの本気度も高くなります。

(2) 手順の説明

教科書の教師用指導書に添付の日本各地の民謡が収録された音源CDを使います。CDに収録された日本民謡の音源は、事前にタブレット等の共有サーバに入れておきます。タブレットパソコンで再生できることを事前に確認しておきましょう。現在の教科書に掲載されていない場合は、少し前の教科書などを使ってもよいでしょう。もちろん、各地の民謡が収録されていれば、市販のものでも構いません。

おすすめの民謡を決める手順

① 日本を八つの地域にわける。
北海道・東北・関東・中部・近畿・
中国・四国・九州・沖縄

② グループで分担して各地のおすすめ
民謡をさがす。

③ おすすめの民謡を発表する。

④ 発表のなかから3つを選ぶ。

併せて、おすすめの曲とその理由が書けるワークシートを配布します。

おすすめ曲 ＿＿＿＿＿＿＿＿＿＿＿＿＿＿

理由

＿＿＿＿＿＿＿＿＿＿＿＿＿＿＿＿＿＿＿＿＿＿＿＿＿＿＿＿

＿＿＿＿＿＿＿＿＿＿＿＿＿＿＿＿＿＿＿＿＿＿＿＿＿＿＿＿

＿＿＿＿＿＿＿＿＿＿＿＿＿＿＿＿＿＿＿＿＿＿＿＿＿＿＿＿

＿＿＿＿＿＿＿＿＿＿＿＿＿＿＿＿＿＿＿＿＿＿＿＿＿＿＿＿

(3) おすすめを選ぶ観点を考える

どのような観点でおすすめの曲を選ぶのかについて、子どもたちに話し合わせます。以下のような観点が考えられます。

○地域の様子が歌われている

○声に特徴がある

○「はやしことば」や「合いの手」などが入っている

○日本の楽器が使われている

上記は一例です。なお、「はやしことば」とは、民謡の中で使われる短い言葉です。『阿波よしこの』（阿波踊り）の「エライヤッチャ　エライヤッチャ　ヨイヨイヨイヨイ」、『花笠音頭』の「ヤッショーマカショ」などが有名です。子どもたちの実態に合わせて観点を考えましょう。

（4）日本民謡を聴く

学級を8つのグループに分け、地域ごとに担当を決めます。担当が決まったら、タブレットで音楽を聴きながら、各地域のおすすめの1曲をグループで話し合わせます。ワークシートをもとに、話し合いをさせるとよいでしょう。曲が決まったら、背景についても調べさせます。

（5）発表＆鑑賞

グループごとに選んだ曲とその理由を発表します。発表以外のグループはメモをとりながら曲を聴き、3曲を選びます。「3曲を選ぶ。」という具体的な指示がポイントです。目的をもって聴くことができます。次のようなワークシートを準備しましょう。

地域	曲名	メモ	順位
北海道			
東北			
中部			

（6）おすすめの曲を決める

最後は投票で選びます。話し合って決めるのが理想ですが、どこのグループも自分が一番だと言って引かないかもしれません。無理に三つを決める必要はありませんので、「8曲すべてを日本人学校に紹介することにした。」と子どもたちに伝えてもよいでしょう。

時間に余裕があるときは、じっくり話し合い活動をさせてください。

第7章

世界の音楽の授業のネタ

第1節 動いて感じる世界の音楽

世界の音楽×小学校低学年・中学年向き

1　低学年で諸外国の音楽を学習する理由

低学年の教科書には「世界の音楽」と銘打っていなくとも、さまざまな国の音楽が登場します。『ジェンカ』（フィンランドのフォークダンス）、『ポルカ』（チェコの民俗舞曲）や『ティニクリン』（フィリピンの民謡）などの踊りの音楽から、『トルコ行進曲』やルロイ・アンダーソンの音楽のような、国や地域の特徴や雰囲気を味わえる音楽までさまざまです。このようにさまざまな音楽を取り上げるのは、音楽科の学習指導要領に書かれた「生活や社会の中の音や音楽と豊かに関わる」という言葉と大きな関係があります。もちろん、低学年の子どもたちは、各国の地理的、文化的な知識が十分ではありません。したがって、各国の生活に想いをはせて聴くことは難しいのが現実です。しかし、低学年のころから、各国の音楽に触れ、日本の音楽との違いを実感しておくと、中学年、高学年になったときに、音や音楽と各国の特色や地域性を結びつけて聴くことができるようになります。これは、中学校・高等学校における「音楽の多様性についての理解」にもつながります。

では、低学年にとっては、どのようなアプローチが有効なのでしょうか。低学年では、音楽を身体全体で味わい、その楽しさを感じることに力点を置くことが大切です。音楽に合わせて歩いたり、動作をしたりするなどの「身体を動かす活動」を取り入れるとよいでしょう。音楽に合わせて身体を動かしながら、各国の音楽のおもしろさを体感させましょう。

2　動いて感じる世界の音楽

(1)『ジェンカ』を踊る

最初は『ジェンカ』です。『ジェンカ』の動きについては、教科書などを参考にしてください。インターネットで検索してもよいでしょう。拍を打ったり、踊ったりして楽しみながら拍やリズムの働きを確認しましょう。

次に、「ジェンカはどこの国の音楽か。」を問いかけてみましょう。子どもたちは、さまざまな国の名前を答えることが考えられます。どうしてその国だと思ったのか、理由をたずねてみましょう。そして、答え合わせをします。

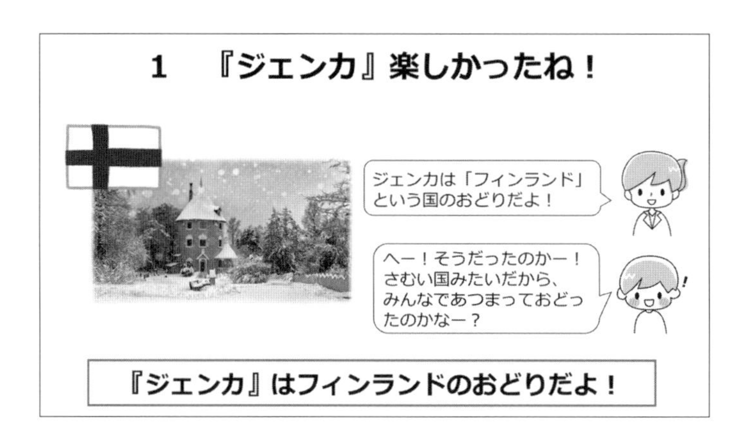

次に、「なぜ、このような踊りを踊るのかな？」とさらに問いかけてみましょう。子どもなりの考えや予想をもつことができます。ここで大事なことは、正解を求めることではありません。自分なりの理由を考えることは、音楽とその国の人々の生活や社会との関わりについて想いをはせるきっかけとなります。

(2)『ティニクリン』を体験する

次に、『ティニクリン』(フィリピンの民謡)を取り上げます。『ティニクリン』はいわゆるバンブーダンスです。2本の長い竹の棒を打ち合わせ、その間をステップしながら踊ります。日本では『いるかはざんぶらこ』(東龍男作詞・若松正司作曲)が有名です。

竹を準備して遊ぶ際には、『いるかはざんぶらこ』からスタートするとよいでしょう。運動会の玉入れの棹などを使うと手軽です。

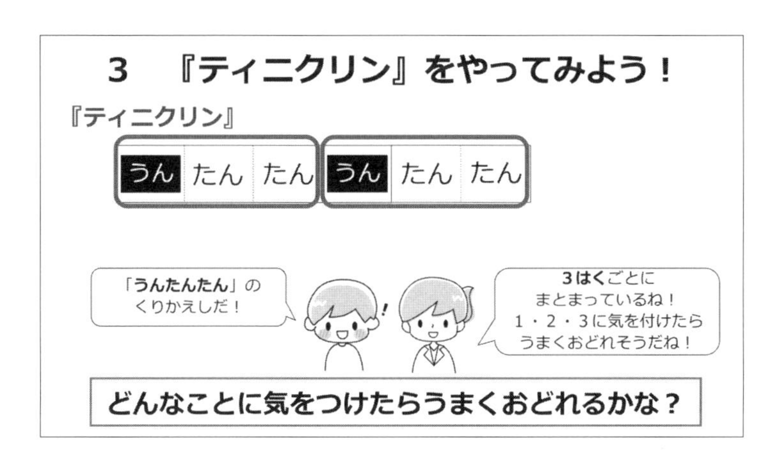

その後、『ティニクリン』を映像で見せ、真似をしながら実際に踊ります。その際「音楽のどんなところに気をつけたらうまく踊れるか。」を問いかけてください。体育のダンスの授業ではありませんので、「足の上げ方が〜」ではなく、リズムにのって踊ることができるかに着目させるとよいでしょう。

(3)『ジェンカ』と『ティニクリン』を比較する

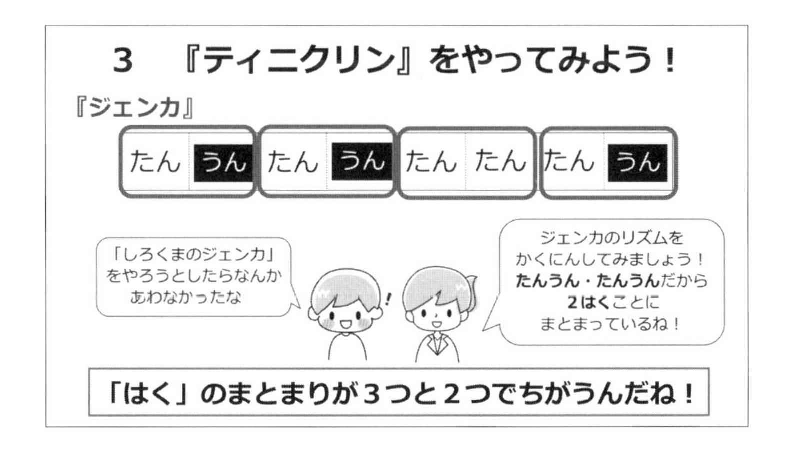

『ティニクリン』ができるようになったら、『ジェンカ』の音楽に合わせて、バンブーダンスを踊ってみましょう。もちろん、『ジェンカ』は３拍子ではないので、うまくいきません。子どもたちから『ジェンカ』は、タンウン・タンウンで１・２、１・２だけれど、こっちはウンタンタン・ウンタンタンで１・２・３、１・２・３だ！」という気づきが生まれれば、しめたものです。これが、２拍子と３拍子の違いです。

「２拍子と３拍子の踊りでは、踊りの感じはどのように違うか。」を問い、踊りを含めた音楽の楽しさの違いやよさ、おもしろさについてまとめましょう。

(4) いろいろな国の音楽を鑑賞する（一斉 or グループ）

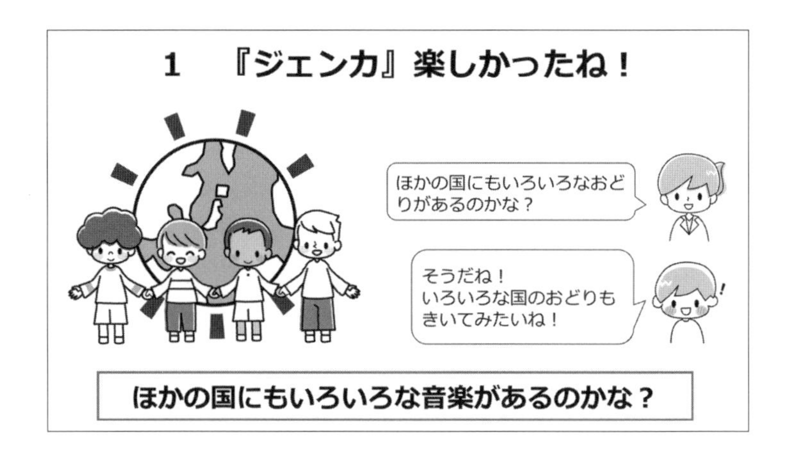

続いて、他の国の音楽をいくつか聴いてみましょう。「聴いてみましょう」といっても、じっと座ってただ聴くだけではありません。踊ったり、手を打ったりと体を動かしながら聴かせます。『ジェンカ』や『ティニクリン』を踊った子どもたちは、世界の音楽に興味をもって聴くことができます。参考となる映像があれば、その視聴と共に、その国や地域の人の生活や特徴をイメージできるとよいですね。

2　いろいろな国の音楽をきいてみよう！

※ここでは、世界の音楽（おどり）をいくつかきいてみましょう

例）
- **エースオブダイヤモンド（デンマーク民謡）**
- **ティニクリン（フィリピン民謡）**
- **ポルカ（チェコ民俗舞曲）**
- **マンボ（ラテン音楽・キューバの音楽形式）**

いろいろなふんいきの
音楽があるんだね！

音楽のふんいきに
あわせて**おどってみよう！**

どんなふうにおどったら音楽にあうかな？

2　いろいろな国の音楽をきいてみよう！

※ここでは、世界の音楽（おどり）をいくつかきいてみましょう

例）
- **エースオブダイヤモンド（デンマーク民謡）**
- **ティニクリン（フィリピン民謡）**
- **ポルカ（チェコ民俗舞曲）**
- **マンボ（ラテン音楽・キューバの音楽形式）**

いろいろなふんいきの
音楽があるんだね！

音楽のふんいきに
あわせて**手をうってみよう！**

どんなふうに手をうつと音楽にあうかな？

第2節　世界の民謡めぐり

小学校低学年・中学年・高学年向き

1　世界各国から輸入されるうた

「ドはドーナツのド」ではじまる『ドレミのうた』、どこの国のうたか、ごぞんじですか？　作曲したのは、アメリカのリチャード・ロジャースという人です。作詞は、同じくアメリカのオスカー・ハマースタイン2世という人です。『ドレミのうた』は、「サウンド・オブ・ミュージック」というミュージカルの挿入歌として作曲され、有名になりました。オスカー・ハマースタイン2世がつくった歌詞では、「ドは牝鹿（deer）のド」とされています。日本語で「ドは、雌鹿のド」と歌っても、意味が通じませんね。「ドはドーナツのド」は、ペギー葉山さんという日本の歌手がつくった歌詞です。また、あまり有名ではありませんが、日本の『ドレミのうた』には、他の歌詞もあります。岩谷時子さんの訳詞、宮城まり子さんが歌った歌詞では「ドはあまいドロップのド」とされています。萩原芳子さん訳詞、九重佑三子さんのうたでは、「ドはどこまでも」とされています。このように、海外から輸入されたうたは、訳した人によって異なる歌詞がつくられていることがあります。ちなみに、フランス語のドは背中、ロシア語は家など、『ドレミのうた』の訳は各国で異なっています。

また、外国から輸入されたうたには、原曲とは全く関係のない歌詞がつけられていることもあります。例えば、アメリカ民謡を原曲とする『リパブリック賛歌』、「ヨドバシカメラ」のCMでもおなじみですが、『権兵衛さんの赤ちゃん』でもよく知られています。『権兵衛さんの赤ちゃん』の作詞者は不明ですが、東辰三さんが歌詞をつけた『お玉じゃくしは蛙の子』、坂田寛夫さんが歌詞をつけた『ともだち賛歌』なども有名です。どの歌詞でも間違いではありません。アメリカ民謡、フランス民謡、日本民謡など、「民謡」という言葉がつくうたは、誰が作曲したかわからないものがほとんどです。したがって、歌詞をかえたり、新たにつくったりしても OK です。「へえぇ。こんな歌詞もあるんだなあ。」と楽しみながら歌ってみましょう。

2　世界の民謡めぐり

『権兵衛さんの赤ちゃん』などは、歌詞だけを聴くと「これは日本のうた！」と思ってしまいます。知っているうたが実は外国のうただったということも、実は少なくありません。スキマ時間を活用して、さまざまな国の音楽に親しみましょう。「この曲ってどこの国の音楽かな？」と子どもたちが考えるようになるきっかけづくりにもなります。

(1) 導入

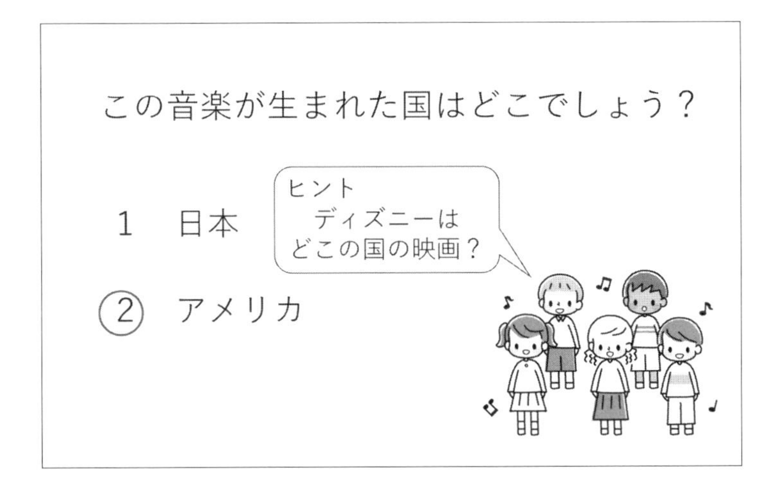

最初に、ディズニー映画のうたを聴かせます。『アナと雪の女王』の『ありのままで』や『ミッキーマウスマーチ』など、子どもたちがよく知っている曲がいいでしょう。ここでは吹き替え版を聴かせるのがポイントです。一緒に歌ってもいいですね。そして、曲が生まれた国を考えさせます。最初は日本と答える子どももいるかもしれません。ですが、「ディズニーはどこの国の映画？」というヒントを出すと、子どもたちは、「アメリカ。」と答える

でしょう。ここで、「あれ？日本語だったよね？変じゃない？」と問いかけます。このようにして、外国生まれの曲にも、日本語の歌詞がつけられている場合があることを確認します。

(2) 世界の民謡めぐり　ヨーロッパ編

ここから、子どもがよく知っている曲のクイズです。どこの国で生まれた曲かをあてます。テーマはヨーロッパ。白地図を準備しておきましょう。

①『ロンドン橋』

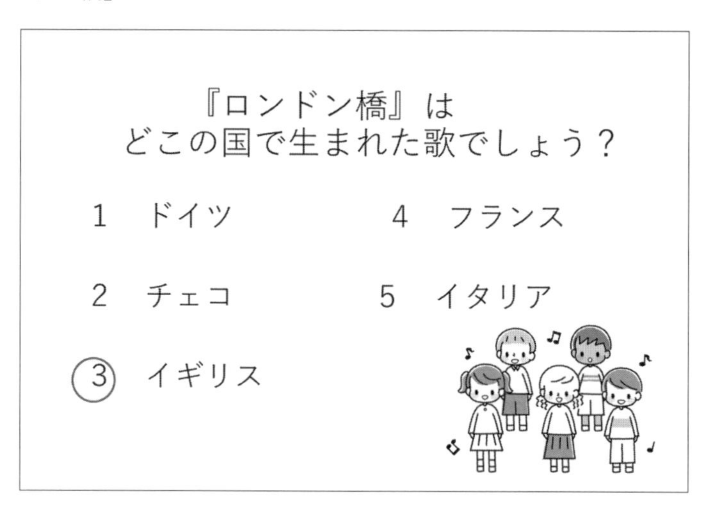

はじめは『ロンドン橋』から。まずは、みんなで『ロンドン橋』を歌います。そして、どこの国で生まれたうたなのかを考えます。「ロンドン」という言葉から、イギリスだということがわかりますね。ここで、白地図からイギリスの場所を探し、色鉛筆で色をぬります。地球儀を使って場所をさがしてもいいですね。グループで探してもいいでしょう。見つかったら、日本からの距離を考えてみましょう。日本の大きさから想像すると……。こんなに遠い国のうただったことを知って、子どもたちもびっくりです。可能であれば、英語の音源を聴かせましょう。

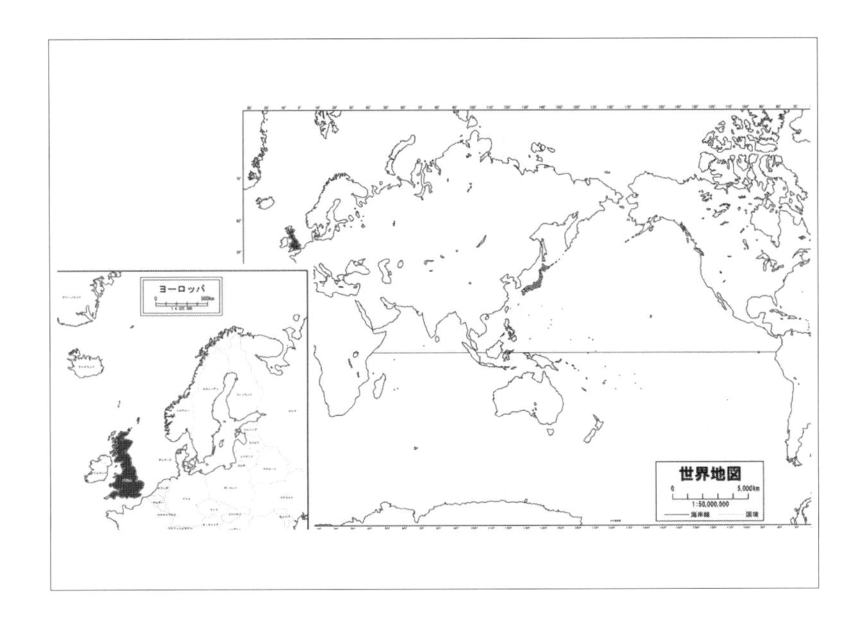

以下、同じ要領で進めていきます。

②『きらきら星』

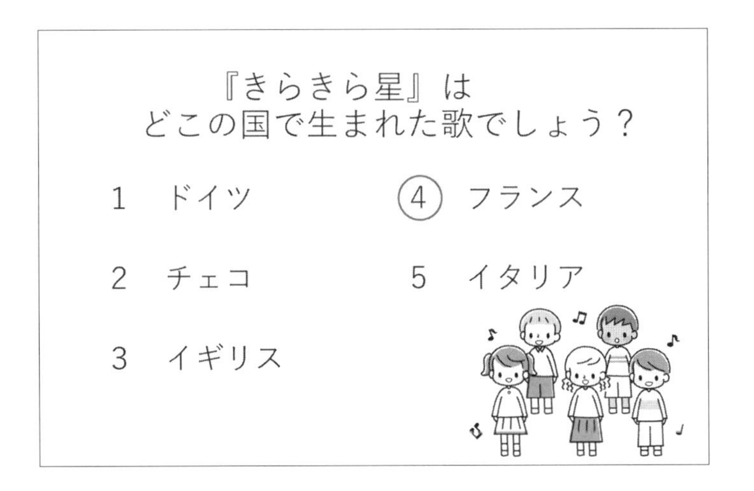

『きらきら星』はフランスの曲です。『ABC のうた』と同じメロディですから、アメリカやイギリスと間違える子どもがいるかもしれませんね。可能であれば、原曲のシャンソンを聴かせて、どこの国かを考えさせましょう。

発展として、モーツァルトが『きらきら星』をもとに作曲した『きらきら星変奏曲』を聴かせてもよいでしょう。

③『山のポルカ』

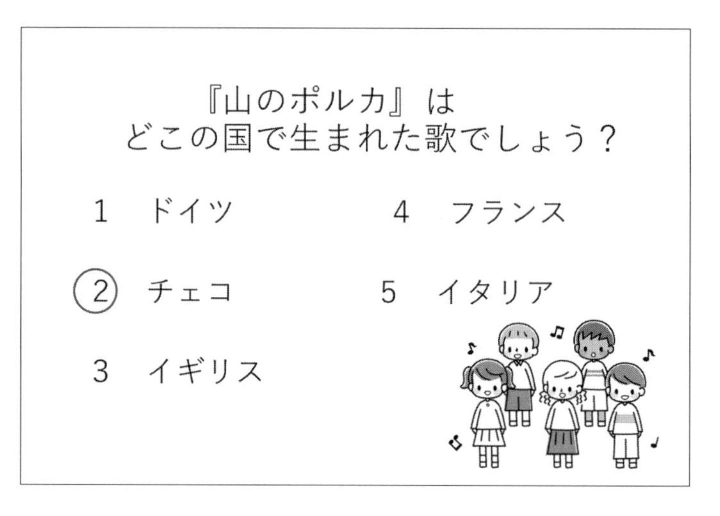

教科書にも出てくる『山のポルカ』はチェコの踊りの音楽です。ポルカをおどっている映像を見せてもよいでしょう。

④『おにのパンツ』

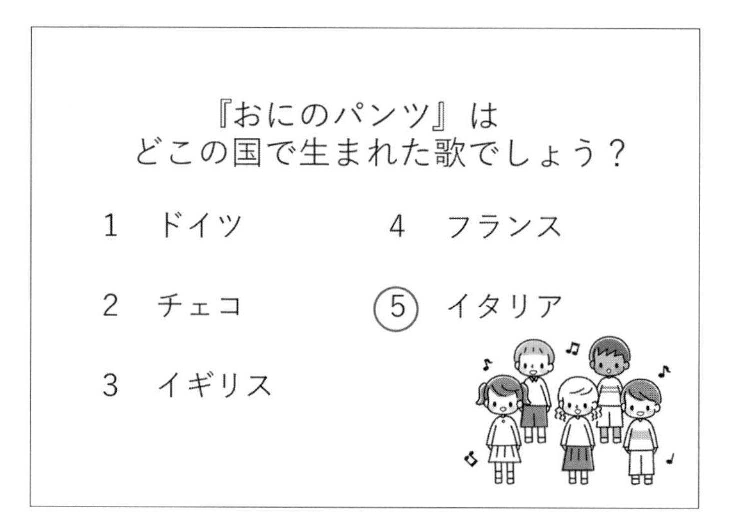

原曲は、『フニクリ フニクラ』というイタリアの鉄道会社のCMソングです。日本でも、さまざまにアレンジされています。

⑤『こぎつね』

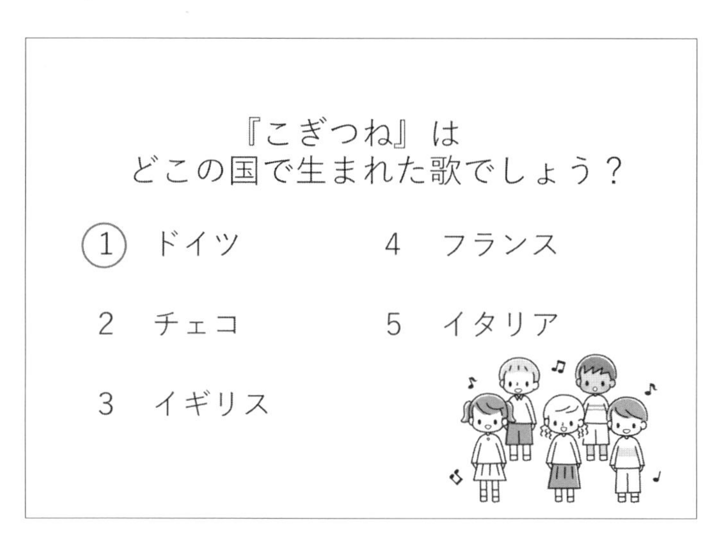

子どもが大好きな『こぎつね』も外国の曲です。原曲は、「ガチョウを盗んだこぎつねを、鉄砲でおどす」という少し物騒な歌詞です。興味がある方は調べてみてください。

本事例は、ヨーロッパで生まれたうたを中心に構成しました。スイス民謡の『ホルリディア』、アメリカ民謡の『アルプス一万尺』、ポリネシア民謡の『サモア島の歌』、モロッコ民謡の『アラム サム サム』、中国民謡の『茉莉花』、朝鮮民謡の『アリラン』や『トラジ』などを用いてもよいでしょう。また、器楽曲で国名あてクイズをすることもできます。

日本の子どもたちがよく知っている外国の音楽は、ヨーロッパやアメリカで生まれたものが多いことも事実です。アジア、アフリカ、中近東などの音楽は、インターネットで調べさせたり、発表させたりしてもよいでしょう。

「まね」から学ぶ奇妙な音楽

世界の音楽×小学校高学年・中学校向き

1　なぜ諸外国の音楽を学ぶのか？

子どもたちは、なぜ諸外国の音楽を学ぶのでしょうか。以下、学習指導要領で示されている「諸外国の音楽の学習」に関連する文言です。

- 諸民族（諸外国）の様々な音楽の特徴とその特徴から生まれる音楽の多様性を知る。
- 音楽の特徴とその背景になる文化や歴史、他の芸術との関わりを学ぶ。
- 諸外国での生活や社会における音楽の役割

音楽はそれぞれの民族がもつ「文化」です。上記の文言は的を射たものだといえます。ここで、もう少し平易に、諸外国の音楽を学ぶ意味について整理します。

音楽はそれぞれの民族がもつ「文化」です。貧富の差、国土の違いはあろうとも、音楽文化をもたない人間社会はありません。そして世界には私たちのなじみの少ない、奇妙に聴こえる音楽が満ちあふれています。

私たちが奇妙に思える音楽であっても、それぞれの国や地域では、大切にされています。その理由を知ることは、その国々や地域に住む民族の文化や歴史、社会や風習、音楽に対する考え方を理解することにつながります。音楽に限らず芸術は、その国々や地域を成立させている脈絡と強く結びついているのです。

例を挙げてみましょう。例えば北ベトナムの少数民族の村では、人が死んだときだけ、水牛の角でできたラッパを吹きます。普段は絶対吹くことはありません。私たちにその理由は理解できません。しかし、何か理由があってそうしているはずです。その理由を考えることは、少数民族の文化や伝統を知ることにつながります。また、私たちの国ではどうかということを考えるきっかけになります。

もう一つの例です。スイス、オーストリアやドイツ山岳地帯で発達したヨーデルはご存じでしょう。裏声と地声で交互に歌います。ヨーデルという発声が発達した理由の一つは、声を遠くに届けるためといわれています。もう一つは、

雪崩の発生を避けるためだといわれています。山岳地帯では、低い声で歌うと雪崩が起きる可能性があるとされているのです。雪の多い山岳地帯のあるスイスやドイツにこういった発声が出てきたのは、納得できるところです。

世界の音楽はその国々の文化や歴史、地域性を受けて発達しています。その一方で、忘れてはならないのは、それら独自の音楽が、決して孤立して存在してはいないということです。音楽に限らず文化というものは、かならず他の音楽（文化）と接触して（「異文化接触」といいます）、変容しています。よって、ある国の音楽を考えるときに、その音楽がどういった音楽から影響を受けて変容しているのかという問いも当然生まれるはずです。

上記の話は他国だけの話ではありません。国内でも同じです。大阪ではこんな音楽が大切にされている、名古屋のこの音楽は東京からの影響を受けているなど、諸外国の音楽を学ぶ姿勢はそのまま自国の地域間の音楽を学ぶ姿勢に通じるものです。

2　世界の音楽をまねっこ！

(1) とにかく、ものまね

次の3つの音楽から
ひとつを選んでまねてください

A（　　　　　）
B（　　　　　）
C（　　　　　）

どうやって声をだしているか
グループで考えよう
言葉はわからなくてもOK

「今から世界の音楽で声を出す音楽を三つ流します。グループで、その中の一つの音（音楽）を選んで、その通りの音を、皆さんの声で出してください。」と話します。なんと言っているか、言葉そのものはわからなくてもOKです。雰囲気でまねてみましょう。

子どもたちに聴かせる声の音楽は「ホーミー」「パンソリ」「ヨーデル」の３つです。３つの音源は、教科書会社で販売されている小学校用鑑賞用教材の中に、適当に短く収録されています。インターネット（YouTubeなど）で、見つけてもよいでしょう。曲名は問いません。曲の長さも５秒から10秒程度で十分です。タブレットパソコンなどに、事前に準備しておき、子どもに操作させてもよいでしょう。練習時間は10分程度です。

声はうまく似せられなくても大丈夫です。大切なことは、声を似せるために、何度も聞き返し、その声に近づけようとする子どもの活動です。

なお、本実践で扱っているのは声ですが、声だけに固執する必要はありません。この三つの音の事例に似せることができるならば、楽器の音を使ってよいでしょう。また、一人で模倣するのではなく、数名でひとつの声を模倣しても問題ありません。たとえば、ホーミー（一人で高音と低音を同時に発声する唱法）では低音を模倣する子どもと高音を模倣する子どもを、組み合わせてもまったく問題ありません。とにかく子どもたち自身に考えさせることが大切です。

（2）発表と種明かし

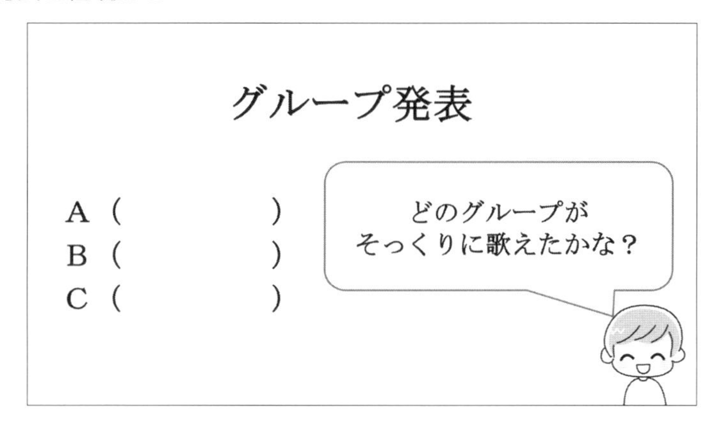

だいたいできるようになったら、子どもたちに発表させます。どのグループがそっくりにできるでしょうか。点数をつけさせてもいいですね。子どもと一緒に発表を楽しみましょう。発表が終わったら、それぞれの歌い方の種明かしをし、説明をします。演奏の動画などを見せてもよいでしょう。

①ホーミー

ホーミー

ホーミーは、一人の歌い手が同時に二種類の声をうたう唱法です。モンゴルのホーミーが有名ですが、そのほかの国でも見られます。歌詞はなく、胸から出す低い地声と口笛のような高い音域の倍音と呼ばれる音を同時に出すものです。

ホーミーに歌詞はありません。胸から出す低い地声と口笛のような高い音域の倍音と呼ばれる音を同時に出します。このような歌い方を総称して「喉歌」とも言います。

この発声は、最初は家畜に向けて歌うために生まれたと言われています。まさしくモンゴルの生活の中から生まれた唱法ですね。なおモンゴルのホーミーは、モリンホール、日本では通称「馬頭琴」（楽器の竿の上に馬の頭のかざりをつけているからです）という楽器を伴奏に歌われます。草原を馬で走り抜ける民族の様子が思い浮かびませんか。

②パンソリ

パンソリ

パンソリは、朝鮮半島に伝わる歌で、「パン」は集会場、「ソリ」は歌を意味します。かつては神の声を伝えるものとしてシャーマン（神様の言葉を伝える霊媒者を意味します）の歌でした。語ったり歌ったりしますが、いずれにせよ、強い感情表現をします。

パンソリは、朝鮮半島の人たちの人情、風俗、生活が反映したうただといわれています。伴奏にはプク（太鼓）を用います。パンソリは現在、ユネスコの無形文化遺産に指定されています。

③ヨーデル

ヨーデル

ヨーデルは、スイス、オーストリア、ドイツのバイエルン地方などアルプス一帯でうたわれる歌です。地声（通常の発声）と裏声が急速に交代しますが、歌詞はなく意味のない歌でうたうのが特徴です。

ヨーデルは、人々の間での合図、通信手段として発達しました。また、その場を清めるという信仰的な意味もありました。日本では、アニメ『アルプスの少女』のオープニングテーマソング『おしえて』の中で、ヨーデルが使われています。そういった曲を聴かせてもよいでしょう。

上記の音のデータはインターネット上で多く見られます。また、東京藝術大学小泉文夫記念資料館のサイトなどでは、うたと楽器を使った演奏を見ることができます。インターネット上には、それぞれの歌い方をレクチャーした動画などもあります。動画を見ながら、もう一回、歌ってみてもいいでしょう。

この実践では、①世界の音楽の多様性、②そしてそれら音楽の裏にある文化について説明を加えながら、世界にはさまざまな音楽がある、そしてそれぞれの国で大切にされているということが、子どもたちに理解できれば充分です。

その上で、「私たち日本人が大切にしている音楽、あるいは世界の人に教えてあげたい日本の音楽」について子どもたちが話し合えば、日本の音楽について考えるきっかけになるはずです。

もちろん、世界の音楽を学ぶためにさまざまな方法があるでしょう。筆者の経験では、模倣という手段は学習者の意欲が出る実践です。「なにもわからない、でも聞いたことのない音楽を模倣する」(もちろん声を使わなくても、中学校でしたら、身近の楽器や道具を使って音楽を模倣する) という経験ののち、改めて模倣した音楽を聴く、観ると学習者にとって新しい発見がたくさん出てきます。これが、その音楽に対する文化的、地域的興味を向けることになります。

第8章

音楽科における特別支援教育

第1節 ユニバーサルデザインと合理的配慮

1　学校教育とさまざまな子どもたち

学校には、さまざまな「困りごと」をかかえた子どもがいます。視覚障害、聴覚障害、知的障害、病弱・身体虚弱、肢体不自由がある子どもや、発達障害（学習障害（LD）・注意欠陥／多動性障害（ADHD)、高機能自閉症など）の子どもは、特別支援学級や通級指導教室の対象です。また、発達障害の診断を受けていなくても、その傾向が十分に認められる子ども、日本語を第一言語としない子ども、性的マイノリティの子ども、不登校、問題行動など二次的な問題を抱えた子どもなども、通常学級にいます。さらに一見、「困りごと」があるようにみえなくても、教師の話を聞き取ることが苦手な子ども、細かい作業が苦手な子どもなど、さまざまな「困りごと」をかかえた子どもたちがいます。

このような「困りごと」をかかえた子どもたちの学校生活を支援する教育のことを特別支援教育といいます。子どもたちの障害を「治す」教育とは、少しちがいますね。特別支援教育とは、すべての子どもたちが、わかりやすく学びやすい教育のことなのです。ここでは、教育のユニバーサルデザインと合理的配慮を中心に音楽科における特別支援教育を考えてみましょう。

2　教育のユニバーサルデザイン

ユニバーサルデザインとはなんでしょうか。ユニバーサルには、「普遍的な・全体的な」という意味や「だれでもの」という意味があります。つまり、年齢、性別、文化、体格、また障害の有無などにかかわらず、できるだけ多くの人が使いやすいデザインのことをさします。ユニバーサルデザインの例として、駅にある幅の広い改札を挙げることができます。かつての駅には、一人がようやく通れるくらいの幅の改札しかありませんでした。しかし、幅の広い改札ができたことで車いすや松葉杖の人だけでなく、ベビーカーを利用する人、シルバーカー（手押し車）を利用する人、大きな荷物をもった人など、だれでもが使いやすくなりました。これがユニバーサルデザイン化です。下図のようなピクトグラムもユニバーサルデザインの一つです。字が読めない子どもや、日本語が苦手な外国人なども、直感的に理解できますね。

では、教育のユニバーサルデザインとはなんでしょうか。教育のユニバーサルデザインとは、障害の有無にかかわらず、できるだけ多くの子どもにとってわかりやすい教育を行うことです。ここでは、ヒト・モノ・コトの３つに分けて考えてみましょう。

ヒトとは、人間関係のことです。音楽科の授業では、表現をあたたかく受け止める受容的な人間関係が大切です。子どもが安心して表現することのできる場をつくりましょう。78ページの「手拍子回し」などはおすすめです。一人ひとりの子どもの、よいところを認めることができるからです。このとき、「上手にできたね。」ではなく、「今の音色、おもしろかったね。」「指の使い方を工夫していたね。」など、具体的に言葉かけをすることが大切です。具体的な声かけは、「先生は、ちゃんと私を認めてくれているんだ！」という自信につながります。また、子どもたち同士がお互いを認め合う人間関係をつくることにもつながります。一方で、友だちの表現を笑ったりする子どもがいた場合は、教師がきちんと叱ることが大切です。「先生が守ってくれる。」「この学級で表現してもいいんだ。」という安心できる場をつくることができます。

モノは、教室環境のことです。集中して学習に取り組むことのできる環境づくりをしましょう。教室前面の黒板や、黒板の周りのさまざまな掲示物は、学習への集中を妨げる原因となります。「バッハやベートーヴェンの肖像画が気になって仕方がなかった！」などの経験をお持ちの方もいらっしゃるのではないでしょうか。本時に使わない掲示物は後の黒板や教室の横の壁に貼るとよいでしょう。一方、「音楽室の使い方のルール」などの約束事は、口で説明するだけでなく明示することが大切です。こちらは、扉の近くに貼るなどの工夫をしましょう。

また、音楽室にあると気になって仕方ないのが楽器です。その時間に使わない楽器は、準備室に片づけておくのがベストです。しかし、大型の太鼓、木琴、鉄琴など、スペースの関係で、音楽室に置いておかなければならないことがあります。そのようなときには、布などの覆いをかけてかくすとよいでしょう。

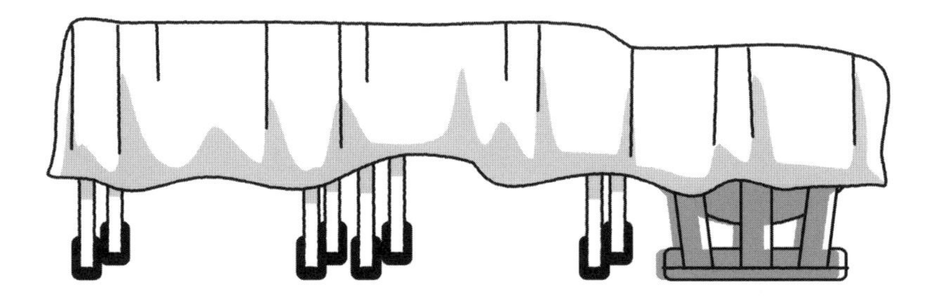

コトは、授業です。授業のユニバーサルデザインとは、「困りごと」がある子どもにとっても、そうでない子どもにとってもわかる授業をすることです。例えば、音楽科の授業では、ついつい板書がおろそかになりがちです。しかし、板書をすることで、今、何の学習をしているのか、どこを学んでいるのかなど、すべての子どもたちがわかるようになります。授業では、教科書の楽譜などを電子黒板などで拡大、提示することもおすすめです。「〇段目の〇小節から歌いましょう。」よりも、ぐっとわかりやすい授業ができるようになります。

また、子どもたちにとってわかりやすい指示をすることも大切です。わかりやすい指示については14～15ページを参考にしてください。

 3　合理的配慮

合理的配慮とは、さまざまな「困りごと」を抱えた子どもたちに対する配慮のことです。音楽の授業には、合唱や合奏など、みんなと一緒に合わせて演奏する活動が多くあります。支援が必要な子どもたちは一緒に合わせる活動に不安を感じることも少なくありません。しかし、ちょっとした配慮で、みんなと一緒に合唱や合奏することができます。楽曲すべてを演奏するのが難しい場合、「最初の音だけ」「リズムだけ」など、「だけ」をみつけて合わせるとよいでしょう。ここでは、合奏を中心に「だけ」のワザを紹介します。

リズム打ちのコツ

手やカスタネットのリズム打ちにも、打ちやすい拍と打ちづらい拍があります。次の楽譜を見てください。

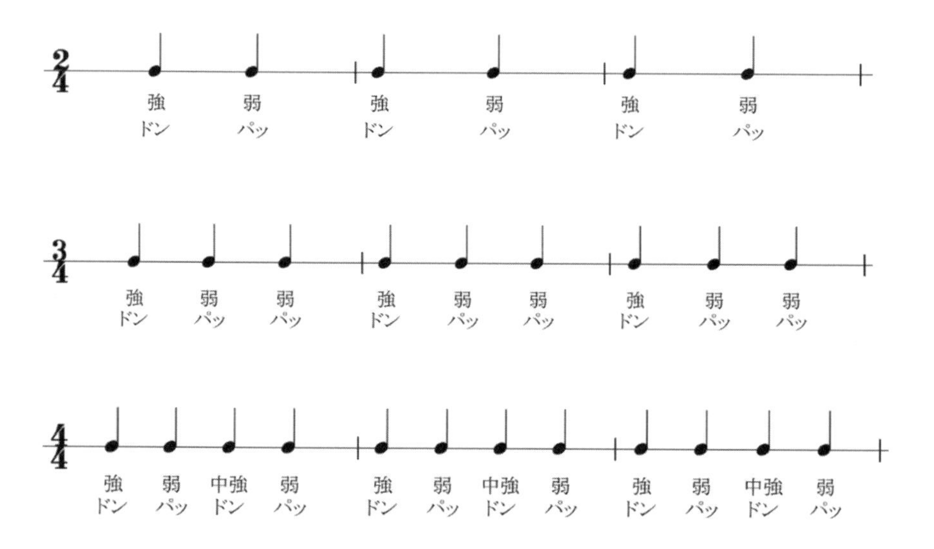

音楽の拍子には、心の中で強く感じる拍と、弱く感じる拍があります。強く感じる拍のことを強拍と言います。弱く感じる拍のことを弱拍と言います。少しだけ強く感じる拍のことを中強拍と言います。ここでは、$\frac{2}{4}$拍子、$\frac{3}{4}$拍子、$\frac{4}{4}$拍子を例に、強拍と中強拍に「ドン」、弱拍に「パッ」をつけました。「ドン」を少し重めに、「パッ」を少し軽めに、声を出して読んでみましょう。拍子の感覚がつかめますね。子どもたちが、リズム打ちをしやすいのは強拍です。次のような楽譜の場合、打ちやすいのはカスタネットということになります。

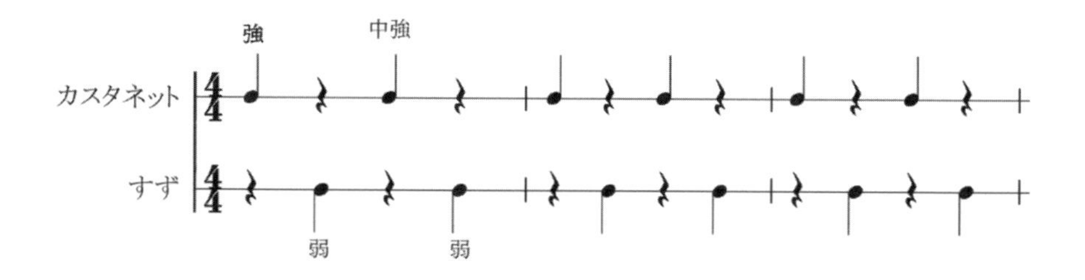

楽譜の一部分だけのリズム打ちをするときには、まず強拍だけを打たせましょう。できるようになったら、弱拍や細かいリズムへとステップアップします。配慮をするだけでなく、一人ひとりの子どもを「伸ばす」という観点

をもつことが大切です。

2つの音だけで演奏

鍵盤ハーモニカやリコーダーなどの演奏では、5本の指をバラバラに動かさなければいけません。子どもによっては、負担が大きいこともあります。ここでは、2つの音でさまざまな曲を演奏する楽譜のつくりかたを紹介します。楽譜を準備する手間はかかりますが、誰もが楽しく合奏できるようになります。

次の楽譜をみてください。楽譜の上にCやFなどのアルファベットが書いてありますね。これをコードネームと言います。

コードネームは和音を表しています。コードネームの中で、最も使われるのがCとFとGです。それぞれの和音は次のように表されます。

C＝ ド　ミ　ソ
F＝ ド　ファ　ラ
G＝ シ　レ　ソ

この中から、最も演奏しやすい音だけを選んで演奏します。たとえば、下のようにドとシの2音だけを選びます。

C＝ ド　ミ　ソ
F＝ ド　ファ　ラ
G＝ シ　レ　ソ

鍵盤ハーモニカのドとシに赤と青などの色シールを貼り、楽譜にも同じ色でしるしをつけておくとよいでしょう。指１本でも演奏することができますね。友だちと合わせて演奏してみましょう。グループに分かれて演奏すれば、簡単な合奏もできます。

リズムが得意な子どもは次のように演奏してもよいでしょう。

次は、リコーダーです。リコーダーの低音部は、息をコントロールするのが難しく、うまく音が出せないときがあります。そのような場合は、次のようにファとソだけで演奏するとよいでしょう。

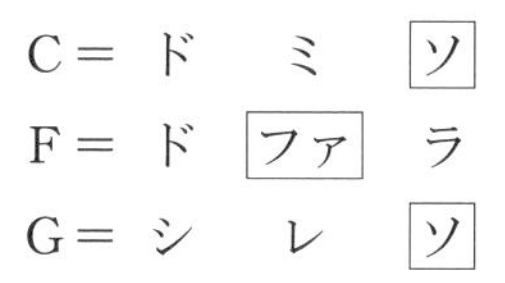

プラスチックのリコーダーであれば、下図のようにセロテープで左手の孔をふさぐと、右手の人差し指１本で、孔をふさいだり、空けたりするだけで演奏することができます。

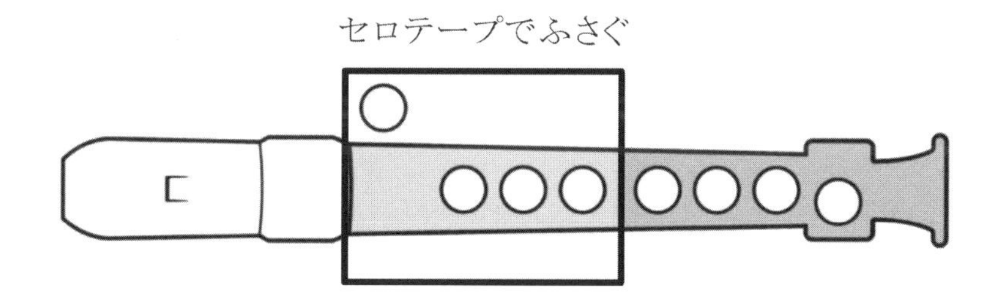

鍵盤ハーモニカ、リコーダー、いずれも子どもの実態に合わせて、３音や４音にするなど、音の数を増やしていくとよいでしょう。

コードネームは、簡易伴奏譜に書かれていることが多いようです。ＣＦＧ以外の和音については、コードネーム一覧を参考にしてください。コードネーム一覧は、インターネットで検索することができます。また、ポップスの楽譜などには、付録として掲載されていることがあります。

おわりに

本書は、20年ほど前に出版された八木正一編著「音楽指導クリニックシリーズ」（学事出版）を参考に刊行しました。「音楽指導クリニックシリーズ」は、当時、中学校、そして小学校の現場で教員をしていた私のバイブルでした。同シリーズに一貫して掲載されていた、楽しい音楽の授業づくりの事例に、どれだけ助けられたかわかりません。今回、続編を刊行させていただいたことは、私にとってこの上ない喜びです。今回の「ライブ！音楽指導クリニック」でも、楽しく、わかりやすい授業をご紹介することをめざしました。

近年、子どもが変わったという話を耳にすることが多くあります。確かに、20年前と比べると大きく変化した部分はあります。外で遊んでいた子どもたちは、ネットゲームに多くの時間を費やすようになりました。テレビ番組のかわりに、YouTubeなどの動画を視聴する子どもの数も増加しました。子どもの習い事も、サッカーやダンス、英会話、そして、最近では、プログラミングまでもがおこなわれるようになりました。しかし、楽しい授業、わかる授業で目をかがやかせる子どもの姿は、今も昔も同じです。子どもたちの本質は、変わっていないのです。

本書をまとめるにあたり、監修の八木正一さん、多くの助言をくださった田中健次さん、すばらしい実践をご紹介くださった執筆者のみなさん、そして、これまで実践を積み重ねてこられたすべての音楽教師のみなさんに、お礼を申し上げます。

編著者　城　佳世

〈監修者〉
八木正一（やぎ・しょういち）　聖徳大学音楽学部教授
広島大学大学院教育学研究科教科教育学専攻修了（教育学修士）。高知大学助教授、愛知教育大学助教授、埼玉大学教授などを経て現職。著書『音楽指導クリニック・シリーズ』『新・音楽指導クリニック・シリーズ』他多数。

〈編著者〉
城　佳世（じょう・かよ）　九州女子大学人間科学部准教授
福岡教育大学大学院教育学研究科（音楽教育）修了。飯塚市立中学校音楽科教諭、飯塚市立小学校教諭、九州女子大学人間科学部講師を経て現職。福岡教育大学非常勤講師、九州産業大学非常勤講師、「ミュージックテクノロジー教育セミナーin九州」事務局長を務める。著書『音楽室に奇跡が起きる―視聴覚機器＆PC活用で楽しさ10倍の授業』（編著、明治図書）、『音楽の授業をつくる音楽科教育法』（分担執筆、大学図書出版）、『新しい音楽科授業のために教科専門と教科指導法の融合』（分担執筆、ミネルヴァ書房）、『楽譜の読めない先生のための音楽指導の教科書』（編著、明治図書）他。

〈分担執筆者〉＊勤務先は執筆時
田中健次（東邦音楽大学音楽学部）第1章第3節・第4節、第2章第2節、第4章第2節、第5章第3節、第7章第3節
佐藤慶治（鹿児島女子短期大学）第2章第1節
藤井菜摘（九州龍谷短期大学）第3章第3節
瀧川　淳（国立音楽大学音楽学部）第4章第1節
森　薫（埼玉大学教育学部）第4章第3節
門脇早聴子（茨城大学教育学部）第6章第1節
中原真吾（福岡県教育庁教育振興部）第7章第1節

ライブ！　音楽指導クリニック①
スキマ時間を活用した音楽科授業プラン

2021年6月16日　初版第1刷発行　　JASRAC 出 2103811-302
2023年7月7日　初版第2刷発行

編著者――城　佳世
監修者――八木正一
発行者――安部英行
発行所――学事出版株式会社
〒101-0051　東京都千代田区神田神保町1-2-5
電話03-3518-9655
https://www.gakuji.co.jp

編集担当　株式会社大学図書出版
イラスト　海瀬祥子（フリー素材除く）
装　　丁　精文堂印刷デザイン室　内炭篤詞
印刷・製本　精文堂印刷株式会社

ISBN978-4-7619-2721-9　C3037